U0505574

全新修订版

在哲学与艺术之间

德勒兹访谈录

[法]
吉尔·德勒兹 著

刘汉全 译

**Pourparlers
1972—1990
-
Gilles Deleuze**

上海人民出版社

为什么要收录这些几乎长达二十年的访谈文字？有时候，一些发声持续了如此长的时间以至于我们不知道它们是否仍然是斗争的一部分，或是已经和解。诚然，哲学与时代的愤怒分不开，但哲学同样也给我们带来了安宁。

　　哲学不是一种强权。宗教、国家、资本主义、科学、法律、舆论、电视，这些都是强权，但哲学不是。哲学内部会有大的斗争（观念论与实在论之争等），但这些都是欢笑之争。因为不是强权，哲学不能对那些强权发动战役，而只能对它们发动一场没有战役的战争，一场游击战。哲学不同强权讲话，哲学没有与之要说的，也没有与之要沟通的，哲学只是在发声。那些强权不满足于只是外在的，它们贯穿于我们每一个人身上，因此，我们每个人都处于不断的发声和与自己的游击战之中——这就是哲学的用处。

——吉尔·德勒兹

目　录

一、从《反俄狄浦斯》到《千高原》

1　致一位严厉批评家的信 003

2　关于《反俄狄浦斯》的访谈 018

3　关于《千高原》的访谈 035

二、电　影

4　关于戈达尔《2×6》的三个问题 051

5　关于运动–影像 065

6　关于时间–影像 081

7　关于想象界的疑问 088

8　致塞尔日·达内的信：乐观主义、悲观主义和旅行 097

三、米歇尔·福柯

9　劈开事物，劈开字词 117

10　生命作为艺术品 132

11　福柯的肖像 144

四、哲学

12 代言者 171

13 关于哲学 192

14 关于莱布尼茨 223

15 致里达·本·斯马依亚的信：关于斯宾诺莎 235

五、政治

16 控制与生成 241

17 后语：论控制社会 253

一、从《反俄狄浦斯》到《千高原》

1 致一位严厉批评家的信

你有魅力，聪明，但心怀歹意，几近恶毒。在你给我的信中，有些是他人的说法，有些是你自己的想法，两相混淆，合而为一，表现出一种对我假定的不幸的幸灾乐祸。你说，我陷入困境，无论在生活、教学还是政治方面，莫不如此；我成了可悲的明星，也仅昙花一现而已，终难摆脱困境。你还说，我总是步人后尘，吸吮着你们这些真正的实验者或英雄的鲜血，品味着你们酿制的苦酒，利用你们而又冷眼旁观。对你所说的这一切，我毫无感觉。精神分裂者，无论其真假，都正在使我感到如此厌烦，致使我兴高采烈地皈依到妄想狂上。妄想狂万岁！如果不是想勾起我的怨恨（"承认吧，你陷入困境了，进退两难……"）和羞耻（"你毫不惭愧，步人后尘……"），你究竟想用此信向我灌输什么呢？假如你只是要对我说这些，你就不会多此一举了。你是出于报复，才写了一本关于我的书。你的信充满了假意的怜悯和报复的欲望。

首先，我仍要重申，我并不曾希望你写那本书。你说你之所以写那本书，是"出于幽默，出于偶然，出于对赚取金钱和提高社会地位的渴求"。我实在不明白，你的这些渴求何以通过写这么一本书就能得到满足。还是那句话，这是你自己的事，从一开始我就对你申明，你的书与我毫无关系，我不会过目，也许因为与你相关，我以后再拜读吧。你来找我，要我谈一些新的研究心得。的确，为了不使你扫兴，我建议互通书信，这比录音谈话来得容易，也不那么令人疲倦。但是我提出了一个条件，如果你要发表这些书信，应采取附录一类的形式，与你著作的正文明显区分开。你已经在借题发挥了，你歪曲了我们的君子协定。你责备我对你就像那位盖尔芒特[1]老妇人一样，只是空口许诺说"会给你写信的"；你又说我像一个了不起的大权威，把你打发到邮局了事，或者像里尔克，不肯屈尊给青年诗人以指导。

　　友善的确不是你的长处。当我不能再热爱和赞赏（并不很多的）一些人和事时，我会觉得自己形同死人，犹如行尸走肉。但是你却好像生性刻薄，你的艺术是冷眼艺术。"人们对我不友善……我在写一本关于你的著作，我将向你证

---

[1]　普鲁斯特《追忆似水年华》中的人物，是一位贵妇。——译注

明……"在所有可能的解释当中,你总是选择最恶意、最坏的解释。以下是第一个例子。我热爱而且钦佩福柯。我写了一篇关于他的文章。他也写了一篇关于我的文章。你摘引了他的文章中的一句:"有一天,我们这个世纪将成为德勒兹的世纪。"你评论说,我们在互相吹捧。你似乎无法想象我对福柯的钦佩是由衷的,更想不到福柯的这句话只是笑谈,是让喜欢我们的人会心一笑,让不喜欢我们的人嘀嘀咕咕。你知道的一篇文章点明了左派继承人的这种天生恶意:"如果你有胆量,那就试一试在左派的集会上提起博爱和友善吧。他们热衷于表现各种形式的仇恨,对无论什么人,在场的也好,不在场的也好,敌人也好,朋友也好,都极尽讽刺挖苦之能事。这里不存在理解他人,只有监视他人。"[1] 你的信便是这样一种高度的监视。我记得同性恋革命行动阵线的一个家伙在一次集会上说:"如果我们在这儿不是为了使你们感到内疚……"使人感到内疚,这真是有点警察味道的古怪想法。在你的思想中,写一本关于(或反对)我的书,就好像赋予你一种对我的权力。这实乃大谬不然。就我而言,我讨厌一切可能使自己和别人感到内疚的东西。

---

1 《研究》1973 年 3 月,《同性恋大百科全书》。

我再举一个例子，与我长而不修的指甲有关。你在信的末尾说，我的工人装（不对，应该是农民装）堪与玛丽莲·梦露的褶皱上装相比，而我的指甲堪与葛丽泰·嘉宝的墨镜相比。你还劈头盖脸地给了我一大堆可笑而恶意的劝告。既然你屡屡提及我的指甲，那就谈谈我的指甲吧。人们尽可以说，曾经是我的母亲给我剪指甲，这便与俄狄浦斯和阉割联系起来（这颇奇怪，却是精神分析的解释）。如果有人观察我手指尖，可以注意到我的指尖缺少通常那种保护性的指纹，致使它们在触到物体，特别是触到织物时，令我疼痛不堪，故而需要长指甲加以保护（这是畸胎学和选种学的解释）。人们还可以说，也确实如此，我的梦想不是让人看不到自己，而是让人难以观察自己，为使我这梦想得到补偿，我便蓄留了可以藏到衣服口袋里而让人难以观察的长指甲，所以当有人盯着我的指甲看时，我会感到无比冲动（社会心理学的解释）。最后人们还可以说："指甲是你的，不可以咬；如果你喜欢指甲，你想而又能够咬，那就咬别人的吧"（政治学解释，达里安语）。然而，你却选择了诸种解释中最糟糕的解释：他想标新立异，树立一个嘉宝式的明星标志。不管怎样，奇怪的是，在我所有的朋友当中，没有任何人注意过我的指甲，他们觉得它们再自然不过了，就像随风飘落的种子生根长大，自然得无话可说。

还是回到你的第一个批评上吧。你用各种语气反复强调："你陷入绝境，进退维谷，承认吧。"大检察官先生，我无可承认。既然关系到你错写的一本关于我的书，我想谈谈我如何看待我所写的著作。我属于在不同程度上被哲学史所谋害的最后一代人。哲学史在哲学上行使着明显的镇压功能，这就是狭义的哲学的俄狄浦斯："只要你没读过这个或那个，没读过关于这个的那个和关于那个的这个，你就不敢以你的名义讲话。"在我们这一代人中，无法从中摆脱者大有人在，但是有些人突破樊篱，创造出自己的方法和新的法则，创造出新的调式。我自己"研究"了很长时间的哲学史，读了一些论述哲学著作的书籍。但是我以诸多方式使自己得到补偿。首先，我非常喜欢反哲学史理性传统的哲学作者。（我觉得在卢克莱修、休谟、斯宾诺莎、尼采等人之间，有一种神秘的联系，这种联系由对消极的批评、对欢乐的培养、对内在性的愤恨、对力量与关系的外在化、对权力的揭露等所构成。）当时，我最讨厌的是黑格尔学说和辩证法。我那本关于康德的书是不一样的，我非常喜欢，像是写一本有关敌军情况的书，试图揭示他们如何行动、他们的运行机制是什么：理性的法庭、权力的有节制的运用、因授予我们立法者头衔而更虚伪的服从。然而，我认为，我当时摆脱羁绊的主要方式是把哲学史设想成一种鸡奸，或是一种圣母的无玷始胎——二者归根到底是一回事。我想象自己来到一位哲学家的背后，使其生子，那是他的儿子，是畸形儿。那确实是他的儿子，这一点至为重要，因为确实需要由哲学家说出我让他说出的一切。而孩子是畸形的，这一点也十分必要，因为哲学家应该经历那各种各样令我高兴的偏移、滑脱、断裂、逃逸。我觉得我关于柏格森的著作便是这样一本书。现在有人嘲笑我居然写了柏格森。这是因为他们不甚了解历史。他们不知道柏格森最初曾何等仇恨法国的教育界，他曾怎样充当了集合各色庸俗或超俗的狂人与脱离社会者的旗帜。他是有心如此还是无意而为，这并不重要。

后来我读了尼采的著作，他使我抛弃了这一切。因为我无法以同样的方式对待他。背后让你生子的是他。他使你产生一种反常的爱好（无论马克思还是弗洛伊德，全都与之相反，从不曾使任何人产生这样的爱好）。这种爱好就是每个人以个人的名义说出简单的东西，凭感受、激动、经验、实验讲话。以个人的名义说出简单的东西，这太稀奇了。因为并不是当人们将自己视为一个自我，一个个人或一个主体的时候，人们才以个人的名义讲话。相反，在经历过严重的自我感丧失之后，当个人倾心于贯穿其整个身心的多样性和强烈感觉时，他才获得真正的个人名义。这个名义，作为对一种强烈感觉的多样性的即时感知，构成了哲学史所造成的自我感丧失的对立面。哲学史所造成的这种自我感的丧失，是一种爱的自我感的丧失，而非服从的自我感的丧失。人们大谈其并不了解的事物的本质，大谈其本人不开化状态的实质。人们成为一个特性模糊的集合，成为姓氏、名字、指甲、事物、动物、琐事，成为与明星相反的东西。我于是开始在这些飘忽的方向上写了两本书：《差异与重复》和《意义的逻辑》。我并不幻想一步登天，这些书仍然充满了呆板而笨重的学院式的研究手段，但是这些手段中的某些东西，我身上的某些东西，我已在试图撼动、搬开，我已在试图将文字视为一种流（flux）而非一种代码。《差异与重复》中的一些章节我很喜欢，比如关于疲倦与沉思的论述，因为那是生动的实际经验。这一切走得还不远，但是已经起步。

后来我与菲利克斯·加塔里（Felix Guattari）相遇。我们一见如故，互相理解，互相补充，两个单独的个性融为一种浑然一体的个性。由此而产生了《反俄狄浦斯》，这是一个新的进步。我常想，那时而出现的对此书的敌意，其真实原因之一，是否就是因为这本书是由两人合写而成的呢？人们喜欢看到相互不睦与相互指责。于是他们便企图将无法区分的东西区分开，或者确定属于我们每个人的是哪些。然而，既然"每个人"就像"大家"一样，已经包含了复数的概念，每个人就等于多人。因此，属于我们每个人的也就是属于我们两人的。当然不能说《反俄狄浦斯》已经摆脱了知识装置，它还非常学院气，还相当规规矩矩，这不是理想的大众哲学或理想的大众分析法。但是有一点令我感触颇多：觉得此书特别难懂的人，恰恰是那些最有学养尤其是具有精神分析学养的人。他们说，何谓无器官身体？何谓欲望？相反，那些懂得不多的人，那些未受精神分析腐蚀的人倒没有那么多问题，他们毫无顾虑地将不懂的东西丢到一边。正是出于这一原因，我们曾说，至少在法律上，此书是面向15至20岁读者的。有两种读书的方式。其一是将书视为一个反映内里的匣子，人们寻找其所指，而如果有人更反常或更堕落，他便去寻找其能指。人们将随后的书视为装在前面匣子里或包含前面匣子的一个匣子，人们将评论、解释、要求解释，人们将撰写关于书的书，如此这般，永不休止。另一种读书的方式是将书视为一个非能指的小机器，问题只是："这小机器灵不灵？运转得如何？"如果不灵，运转得不好，那就换另一本书。这是一种快速阅读法。懂就懂，不懂就不懂。没什么可说明的，没什么可领悟的，没什么可解释的。这是一种电路的连接。我认识一些修养不高的人，他们凭他们的"习惯"，凭他们的理解方式，立刻就理解了无器官身体。这第二种读书方式与前一种相对立，因为它将书与外界紧紧联系在一起。书是一部复杂得多的外界机器中的一个齿轮。写作是诸流中的一个流，同其他流相比，它没有任何特权。它同其他流，诸如秽语流、精液流、讲话流、行动流、色情流、货币流、政治流等，构成了流、逆流或涡流的关系。比如布卢姆一边手淫，一边在沙子上写字——这是何种关系的两种流？我们和属于我们的外界，至少是属于我们的外界之一，曾是厌烦了精神分析的人（特别是青年）的一个小群体。套用你的一句话，他们"陷入了困境"，他们在不同程度上继续让人分析自己，不过他们已经想到反对精神分析。只是他们想到的是用精神分析的术语来反对精神分析。（比如关于隐私的笑话：同性恋革命行动阵线的小伙子们，妇女解放运动的姑娘们，以及许许多多其他的人，能让他们分析自己吗？这不令他们感到窘迫吗？他们相信这些吗？他们在沙发上能做什么呢？）这个流的存在使《反俄狄浦斯》变为可能。精神分析家们，从最愚蠢的到最聪明的，无不对这部著作做出了敌意的、防御性大于进攻性的反应。他们之所以有如此反应，显然不仅是因为书的内容，而且是因为这种正在日益壮大的流：人们越来越讨厌听到"父亲、母亲、俄狄浦斯、阉割、退化"，越来越讨厌看到展示给他们的普遍的性和性行为，那简直是一幅白痴的画像。正如人们说的那样，精神分析家应该考虑到"群体"，考虑到那些小小的群体。我经常收到一些来自精神分析界的游民无产者的信，它们比批评家的文章精彩多了。

快速阅读，与外界建立关系，流对流，机器对机器，联系经验，联系对任何人来说都与书不相关的事件，将书分割得七零八碎，让其他事物、随便什么事物发生作用，等等，这种读书的方式是一种爱的方式。你也正是这样读书的。在你的信中，我觉得精彩的，甚至相当精彩的，就是讲述你如何读书以及书里的段落如何为你所用。可是非常遗憾，你何以如此之快地回到批评上来呢？你说，"你将难以自拔，人们等着你们在第二卷中陷入困境，人们会立刻认出你们的庐山真面目……"，云云。不，并非如此。人们已经了解了我们的想法。我们将继续写下去，因为我们喜欢合著。但我们写的绝不是一个续篇。那将是与外界相连、在语言和思想上都迥然不同的某种东西，将会使那些"等着"我们的人不得不这样想："他们完全疯了，他们不是无耻之徒，就是难以为继了！"让人失望是一种乐趣。我们毫无假作癫狂之心，但是我们会以我们的方式，在适当的时机，变得疯狂起来，请不要催促我们。我们深知，《反俄狄浦斯》第一卷还充满了妥协，充满了仍旧艰涩、类似概念化的内容。那就让我们改变一下吧。我们已经这样做了，一切都很顺利。有些人认为我们还会在原来的道路上疾进，有人甚至认为我们将组成第五个精神分析集团。错了，我们已开始梦想别的东西，一些更神秘、更愉快的东西。我们绝不再做妥协，因为有人不再需要我们这样做。我们总能找到我们所渴求的或渴求我们的同盟者。

你说我陷入窘境，事实并非如此。无论菲利克斯还是我，都未成为一个左派的小头目。如果有人利用《反俄狄浦斯》，我们毫不在乎，因为我们已另辟蹊径。你说我在政治上陷入绝境，已降低到只是签署宣言和请愿书，成为一个"超级女社会福利工作者"。这不对。在对福柯的诸多赞扬中，有一个是赞扬他第一个打破了回收机，使知识分子脱离其传统的政治环境。你们仍热衷于搞煽动、活动、出版物、问卷、公众证词（"承认吧，承认吧……"）。相反，我则感到那接近于一种秘密状态的时代正在来临，这种秘密状态半是如人所愿，半是出于无奈，它是最新的欲望，包括在政治方面。你说，由于我在万森巴黎第八大学讲了两年的课，已在职业上陷入困境，我在那里已无所事事。你认为，只要我讲话，我便处于矛盾之中，我"拒绝教师的地位，却注定要教课，拾人牙慧"。你解释说，我对矛盾感觉迟钝，体会不到自己地位的悲惨。你还说，我讲话，是因为我非常渴望讲话，我曾受到积极分子、装疯的人、真疯的人、愚蠢的人、聪明的人支持，辱骂，打断，万森有那么一种取闹的气氛。这持续了两年，已经足够了，该改变了。于是，当我现在不再在同样的条件下讲话时，你说，或者你据别人的说法，我现在已无所事事了，我虚弱不堪，成为一个步履蹒跚、臃肿无能的女王。这同样不对。我离群索居，同尽可能少的人一起继续做着我的工作，可你非但不帮助我隐姓埋名，反而沸沸扬扬地兴师问罪，留给我的余地只是在虚弱与矛盾之间做抉择。最后你说，我在私生活和家庭方面陷入窘境。你这是有些黔驴技穷了。你解释说，我有一个妻子，还有一个玩布娃娃、在房间角落里乱跑的女儿。联系到《反俄狄浦斯》，这令你捧腹大笑。你还完全可以说我有一个儿子，眼看就到了让人进行精神分析的年龄。如果你认为是布娃娃，或者是婚姻本身产生了俄狄浦斯，这就怪了。俄狄浦斯不是布娃娃，而是内分泌，是腺。要反对俄狄浦斯内分泌，就不能不反对自己，就不能不进行反对自己的试验，就不能不变得有能力爱和欲求（不是将我们全都引向精神分析诊所的那种渴求被爱的悲切愿望）。非俄狄浦斯的爱，可是非同小可。你应该知道，只要存在群体的俄狄浦斯，俄狄浦斯式同性恋的俄狄浦斯，被俄狄浦斯化的妇女解放运动的俄狄浦斯，等等，要避开俄狄浦斯，仅仅独身、无子女、搞同性恋或成为群体成员，是不够的。《阿拉伯人和我们》[1] 一文便是证明。此文比我女儿更俄狄浦斯式。

我没有什么要"招供"。《反俄狄浦斯》的相对成功，无

---

1 《研究》1973 年 3 月，《同性恋大百科全书》。

论对菲利克斯还是对我，都无所影响。在某种意义上，这种成功已与我们不相干了，因为我们投入其他计划中。现在谈谈你对我的另一个批评，一个更严厉、更可怕的批评。你说我总是步人后尘，投机取巧，利用同性恋者、吸毒者、酗酒者、受虐色情狂、疯子等他人的实验，浅尝他们的极乐和毒品而不冒任何危险。我曾在一篇文章中质问，怎样才能不成为阿尔托（Artaud）的职业讲演人，怎样才能不成为菲茨杰拉德（Fitzgerald）的交际场的业余爱好者，现在你反过来用这篇文章攻击我。你说，我宁肯相信神秘，即谬误的力量，也不肯相信证明真实和真理的著述。可是当你说这种话的时候，你又知道我些什么呢？虽然我不出游，不旅行，但是同大家一样，我神游四方，我在原地进行着我的旅行，这是那种只凭兴致驱使的旅行，是那种我只能以最曲折、最迂回的方式在我的著作中表现出来的旅行。如果我用其他不同的方式在我身上获得类似同性恋、酗酒者或吸毒者所获得的效果，这与我同他们的关系又有什么关系呢？值得关注的，不是我是否利用了他们什么，而是是否有人在其角落里做着这样或那样的事情；是否我在我的角落里做着什么事情；是否有不谋而合，有巧合，有意外之举；是否没有遵从、归顺等所有这类乱七八糟的东西：每个人都认为自己是使他人良心发现和改邪归正的人。我不欠你什么，你也不欠我什么。我没有任何理由到你的特定居住区去，因为我有我的居住区。问题从不是这个或那个特殊群体的性质，而是横向关系，在这种横向关系中，某种事物（同性恋、毒品等）产生的效果总可以用另外的方式产生。对那些总认为"我是这个、是那个"的人，对那些仍以精神分析的方式（参照童年或命运）思考的人，应该针锋相对，应该用不确切、不大可能的词汇思考：我不知道自己是什么；非-那喀索斯的、非-俄狄浦斯的研究与必要尝试是如此之多，任何同性恋者都永远不会肯定地说："我是同性恋者。"现在的问题并不是人是什么的问题，而是一种非人的生成问题，一种动物普遍性的生成问题：这倒不是把自己视为动物，而是将人体拆散了架，每个人都从人体的某一强烈感觉区发现自己寄居的区域，并发现寄居其中的群体、种群和人种。为什么我发表议论如犬吠日，为什么我虽非医生而就不能谈论医学呢？为什么我的讲话被视同鸟语，为什么我虽不吸毒而就不能谈论吸毒呢？为什么没人要求我提供我持有的证书，我就不能就某一主题发表论述呢？——哪怕这论述是完全不真实的、人为的。有时毒品令人谵妄，为什么我就不能对毒品发出谵言妄语呢？你们的"现实性"能有什么用呢？你们的现实主义实在是平庸的现实主义。而你又为什么读我的著作呢？保留经验这一论据是一个反动的错误论据。我更喜欢

《反俄狄浦斯》中的一句话：不，我们从未见过精神分裂症患者。

说到底，你信中究竟有些什么呢？除了一些漂亮的词句，只有你自己而已。你拾起一堆流言和传闻，巧加打扮，使它们好像出自他人或你自己之口。也可能你是故意模仿那些已被封存的流言。你的书信非常风雅，相当时髦。你向我要"新东西"，随后却给我写来恶言恶语。由于你的这封信，我的信好像有一种辩解的味道。我说得并不过分。你不是一个阿拉伯人，你是一只豺狼。你竭尽全力将我变成像你所批评的那种人，变成一个小明星，一个明星，一个大明星。我对你一无所求，但是我很愿意你终止流言。

米歇尔·克雷索尔（Michel Cressole）：《德勒兹》（*Deleuze*），大学出版社，1973 年

2 关于《反俄狄浦斯》的访谈

——你们一位是精神分析学家，一位是哲学家。你们的
著作是对精神分析和哲学的质疑。你们引入其他的内容：精
神分裂分析（schizo-analyse）。你们这部著作的共同出发点是
什么？你们的合作是如何构想的？你们各自有什么变化？

德勒兹：应该像小女孩那样，使用条件式说话：我们本
该见面，这事本该发生……两年半之前，我遇到菲利克斯。
他觉得我走在了他的前面，他期待着什么。这是因为我既没
有精神分析学家的责任，也没有被分析者的负罪感或受规定。
我不站在任何立场上，这使我感到轻松。我觉得精神分析很
滑稽，很可悲。我只是研究概念，而且还是缩手缩脚的。菲
利克斯同我谈到他称之为欲望机器的东西：有关机器无意识、
精神分裂无意识的理论和实践的概念。于是我觉得他走在了
我的前面。不过，在谈到他的无意识—机器时，他仍在使用
结构、能指、阴茎一类的术语。这是不可避免的，因为他从

拉康那里学到那么多的东西（我也如此）。但是我想，如果找到更恰当的概念而不是使用那些概念岂不更好？何况那些概念甚至不是创始人拉康的概念，而是在他周围形成的一种正统的概念。拉康自己说："他们不是在帮助我。"他们后来在精神分裂症方面帮助了他。我们舍弃了结构、符号或能指等这类完全不适宜的概念，这当然要特别感谢拉康，他善于将正面翻转使反面暴露。

我同菲利克斯决定共同进行研究。先是书信往来，后来时不时地会面。我们有时欢欣鼓舞，有时愁眉不展。我们总是一个人说得太多。往往是对于一个人提出的概念，另一个人并不在意，只是在数月之后才在另外的场合加以使用。我们阅读了大量著作，不是通读全书，只是选读一些章节。我们发现有些地方荒谬无比，这就更使我们坚信俄狄浦斯的谬误和精神分析的可悲。有些议论令我们拍案叫绝，我们渴望加以挖掘。我们写了许多文字。菲利克斯将文字视为一种载有各种事物的精神分裂流；而我觉得有趣的是，一页纸四面透风，却又像鸡蛋一样严丝合缝。此外，一本书中有保留、共鸣、沉淀，还充满了未成熟的幼体。我们的确是两人合写，在这方面毫无问题。我们相继提出一些说法。

加塔里：我那时有太多的"立场"，至少四个吧。我属于"共产主义之路"，随后是左翼反对派；68年五月风暴之前，我焦躁激动，写过一些文章，如《左翼反对派的九个论断》。1953年，让·乌里（Jean Oury）成立了拉博德诊所，我一开始就加入了。这是托斯盖尔（Tosquelles）试验的延续，我们试图在实践和理论上确定制度化心理疗法的基础（我提出了"横向性"和"群体幻想"一类的概念）。还有，自从研修班成立，我便接受拉康的培训。总之，我是站在某一种立场上，或者说我对精神分裂有我的看法。我一直关注精神分裂者，被他们所吸引。要理解他们就必须和他们生活在一起。精神分裂者的问题至少是真正的问题，而神经症患者的问题并不是真正的问题。我的首例心理治疗是借助录音机同一个精神分裂者完成的。

这四种立场，这四种论断，不仅仅是立场和论断，也是生活方式，是必然有些破碎的生活方式。五月风暴对吉尔和我，如同对其他那么多人一样，是一个巨大的震撼。当时我们并不相识，但这本书仍是五月风暴的一个产物。我所需要的，不是将我生活的那四种方式统一起来，而是将它们黏合一下。我有一些基准点，例如从精神分裂出发解释神经官能症的必要性。但是我缺乏进行这种黏合所必需的逻辑。我在《探索》上发表了《从一种符号到另一种符号》一文，其中带有明显的拉康印记，但已不再有能指。然而，我仍纠缠在一种辩证法中。我期待着和吉尔进行这些主题的研究：无器官身体、多样性、多样性与无器官身体黏合的可能逻辑。在我们的书中，逻辑运算也是物理运算。我们共同探求的是这样一种推论：它既是政治的，也是精神病学的，而前者不简化为后者，后者也不简化为前者。

——你们常将欲望机器所产生的精神分裂分析的无意识与你们百般批评的精神分析的无意识对立起来。你们用精神分裂衡量一切。但是你们真能说弗洛伊德对机器或至少对装置的领域一无所知吗？他对精神病领域不甚了解吗？

加塔里：这很复杂。在某种程度上，弗洛伊德非常清楚，他真正的临床材料、他的临床基础源于精神病，源于布洛伊勒（Bleuler）和荣格。不仅如此，以后出现在精神分析中的所有新东西，从梅拉尼·克莱因（Melanie Klein）学说到拉康理论，皆源于精神病。另一方面，出现了托斯克事件：也许弗洛伊德可能担心分析式概念与精神病相冲突。在施赖伯的评论中，人们看到一切可能的含糊不清。弗洛伊德似乎毫不喜欢精神分裂者，说了一些有关他们的令人极不愉快的话……现在，您说弗洛伊德并非不知道欲望机器，是这样的。

欲望，欲望的机器，这甚至就是精神分析的发现。这机器不断地在精神分析中轰鸣，嘎吱作响，进行生产。精神分析家不断地在精神分裂症的背景下启动和再启动这些机器。但是，很可能他们在做着，或者在启动着他们并未清楚意识到的机器。很可能是他们的实践导致了一些没有明确出现在理论中的新的操作。毋庸置疑，精神分析将整个精神医学搅得乱七八糟，它起了炸弹的作用。虽然一开始就有妥协，但那是微不足道的。精神分析制造着混乱，制造着新的关节，揭示着欲望。您自己也在引用精神装置，就像弗洛伊德所分析的那样，其具有完全的机器装置，能生产欲望，有生产单位。此外还有一个特征，那就是这些装置的一种人格化（超我、自我、原我），一种表演化：用简单的表现价值代替无意识的真正的生产力。于是欲望的机器便越来越变成戏剧的机器：超我、死亡冲动，这两者就像古希腊戏剧中舞台机关送出来的解围之神。欲望机器越来越倾向于在背地里、在幕后运转。或者说，这是一些制造幻觉、制造效果的机器。所有的欲望生产都被粉碎。我们想同时说明，弗洛伊德发现了作为力比多的欲望、生产的欲望，而同时他又不断地使力比多在家庭的表现（俄狄浦斯）中一再异化。精神分析与马克思眼中的政治经济学具有相同的经历。马克思认为，亚当·斯密和李嘉图发现了作为生产的劳动的财富本质，却不断地在所有制的表现中将其一再异化。正是因为欲望被罩在家庭的舞台上，所以精神分析认不出精神病，而只能置身于神经官能症中，并对神经官能症本身做出一种歪曲了无意识的力量的解释。

——当你们谈到在精神分析中随俄狄浦斯而至的是一种"唯心主义的转向"时，当你们试图用新的唯物论与精神病学的唯心论相对立时，你们想说的是否就是上面的那些呢？在精神分析的领域里，唯物主义与唯心主义之间是如何连接的呢？

德勒兹：我们所针对的，不是精神分析可能具有的意识形态，而是其本身的实践和理论。精神分析本身原本是一件了不起的事，但从一开始就没走好。从一开始就存在着唯心主义的转向。这并不矛盾。花是娇美的，但是从一开始就凋败了。在分析的理论与实践中的全套叠合与简约的系统，我们称之为精神分析的唯心主义：欲望生产简化为一套被称作无意识的表现的系统，简化为谈话、表达或相应理解的形式；无意识工厂简化为一种戏剧舞台，简化为俄狄浦斯、哈姆雷特；力比多的社会投入简化为家庭投入；欲望被叠合在家庭的坐标上，叠合在俄狄浦斯上——又是俄狄浦斯。我们并不是说精神分析发明了俄狄浦斯。俄狄浦斯符合需求，人们带着他们的俄狄浦斯而至。精神分析只是将平方的俄狄浦斯、迁移的俄狄浦斯、俄狄浦斯的俄狄浦斯，像一堆泥似的堆到沙发上。但是，无论是家庭式的还是分析式的，俄狄浦斯从根本上说都是压制欲望机器的一种装置，而绝不是无意识本身的一种形成。我们并不是说俄狄浦斯或者等同物会随着所考虑的社会形式而变化。同结构主义者一样，我们宁愿相信那是一个不变量。但那是一个无意识力量变向的不变量。这就是为什么我们并不是以不大可能容纳它的社会的名义来反对俄狄浦斯，而是在一个完全容纳它的社会中，在我们现今的社会中、在资本主义的社会中来反对它。我们反对它，并不是自称以比性更高级的思想的名义，而是以并未简化为"污秽的家庭小秘密"的性本身的名义。我们对俄狄浦斯想象的变化与结构的不变式不做任何区分，因为两者的尽头都是绝路，都是对欲望机器的破坏。精神分析所说的俄狄浦斯解析或分解是十分可笑的，完全是算不清的运算，无休止的分析，俄狄浦斯的传染，由父而及子女的俄狄浦斯的传染。人们以俄狄浦斯的名义所说出的蠢话，首先是关于儿童的蠢话，都是一派胡言乱语。

唯物主义的精神病学是将生产引入欲望之中，并且反过来将欲望引入生产之中。谵妄与父亲无关，甚至与父亲的名义无关，而是与历史的名义相关。谵妄如同社会大机器中欲望机器的内在。谵妄是欲望机器对社会场的投入。精神分析学家将精神病理解为"妄想狂"线，这条线通向俄狄浦斯、阉割等这类插入无意识之中的抑制工具。但是谵妄的精神分裂症的实质，这条画出非家庭图像的"精神分裂症"线，完全被漏掉了。福柯说，精神分析总是对"无理性"的声音充耳不闻。事实上，精神分析将一切都神经症化了。由于这种神经症化，精神分析不仅帮助制造了进行不间断治疗的神经症患者，也帮助制造了对俄狄浦斯化进行抵抗的精神病患者。但是精神分析对精神分裂症完全缺乏研究。从唯心论出发，从家庭化和剧场化的唯心论出发，它也对性的无意识本质完全缺乏研究。

——你们的著作有精神病学和精神分析的一面，也有政治和经济的一面。你们是如何将两方面统一的呢？你们是否在以某种方式重新进行赖希（Reich）的尝试？你们谈到，无论在欲望的层面还是在社会场，都有法西斯的投入。这里确实有某种既关系到政治又关系到精神分析的东西。但是很难看出你们用什么来反对法西斯的投入。阻止法西斯主义的是什么呢？这一问题不仅关系到此书的统一性，而且关系到实际成果，而实际成果是至为重要的。因为，如果"法西斯的投入"未被任何事物所阻止，未被任何力量所抑制，如果人们只能看到它的存在，那么你们的政治学的思考又有什么意义呢？你们对现实的参与又是什么呢？

加塔里：同其他许多人一样，我们昭示了一种普遍化的法西斯主义的发展。人们对此尚无任何察觉，所以法西斯主义没有任何理由得不到发展。可以说，或者是一种革命机器被组装起来，能够处理欲望和欲望现象，或者是欲望仍被那些压迫的、镇压的力量所操纵，将威胁甚至从内里威胁着革命机器。我们要区别开来的是两类对社会场的投入，一类是利益的有意识投入，一类是欲望的无意识投入。利益的投入可以确实是革命的，但却使非革命的，甚至是法西斯的无意识的投入得以存在。在某种意义上，我所提出的精神分裂分析的理想落脚处是一些群体、一些战斗的群体。因为在这些落实处，人们最直接地拥有家庭外的装备，进行着一些有时相互矛盾的投入演习。精神分裂分析是一种战斗的、经济力比多的、政治力比多的分析。当我们将两类社会的投入对立起来时，我们并不将作为奢侈的浪漫现象的欲望与仅仅是经济和政治的利益对立起来。相反，我们认为，在欲望预先确定了利益位置的地方，总能发现和治理利益。因此，当欲望本身没有占据将无意识的形成本身卷进来的革命阵地时，便没有符合被压迫阶级利益的革命。归根到底，欲望属于基础建筑（我们根本不相信意识形态这类概念，意识形态的概念完全看不到问题之所在，没有意识形态）。永远威胁着革命机器的，是正在形成的一种纯粹的利益观，利益向来只是为被压迫阶级的一部分所获得，致使这一部分既得利益者提供了一个完全是进行压迫的集团和等级制度。在一种等级制度中，即使在一种伪革命的等级制度中，人们升得越高，表达欲望的可能性便越小（而在基层组织中，却出现了欲望的表达，尽管这种表达是畸形的）。我们是用积极的和消极的逃逸线来反对这种权力的法西斯主义，因为这种逃逸线通向欲望，通向欲望机器，通向一种欲望的社会场的组织。这不是自身或"个人"的逃逸，而是像挤破一个导管或一个脓包那样造成的逃逸。这就使一些流在欲图导流或堵流的社会规则下潜行。任何反对压迫的欲望的立场，不论其多么局部而微不足道，无不越来越直接地对整个资本主义体系提出质疑，无不有助于从这一体系中逃逸。我们所揭露的是所有关于人与机器对立、人被机器搞得精神错乱的主题。自五月风暴以来，在假左翼组织支持下的权力一直企图使人相信，那是一群娇生惯养的青年在反对消费社会，而真正的工人则清楚地知道他们真正的利益所在，等等。从不曾有过反对消费社会的斗争，消费社会本是荒谬的概念。相反，我们总是说，消费还完全不够，生产还完全不够：如果欲望线未达到欲望与机器合而为一的程度，比如欲望与生产未达到掉转矛头反对资本主义社会所谓天然条件的程度，那么利益就永远不会转到革命的一方。而达到这一程度，既是最容易的，也是最困难的。最容易，因为这属于最微小的欲望；最困难，因为这卷入了所有的无意识投入。

德勒兹：在此意义上，本书的统一性没有问题。这里确实有两个方面，一是对俄狄浦斯和精神分析的批判，再是对资本主义和它与精神分裂症的关系的研究。而第一方面又与第二方面密切相关。我们在以下的观点上反对精神分析，这些观点与它的实践相关，也同样与它的理论相关：俄狄浦斯崇拜；向力比多和家庭投入的简化——即使是在结构主义或象征主义的转化和普遍化形式之下的简化。我们认为力比多在先，无意识投入在后，这些无意识投入有别于利益的有意识投入，但也同样是针对社会场的。我还要再说一说谵妄。有人曾问我们是否见过精神分裂症患者，轮到我们反问精神分析家是否听过谵语。谵妄是历史的和世界的，绝不是家庭的。人们对中国人、德国人、贞德和蒙古大帝、雅利安人和犹太人、金钱、权力和生产，对所有这些发出谵语，但根本不对爸爸妈妈发出谵语。或者更该说，著名的家庭小说密切依赖于出现在谵语中的无意识的社会投入，而非相反。我们试图证明，在何种意义上，就儿童而言，也是如此。我们提出一种与精神分析相对立的精神分裂分析。这里仅提出精神分析行不通的两点：1.它无法达到一个人的欲望机器，因为它纠缠于俄狄浦斯的形象或结构；2.它无法达到力比多的社会投入，因为它纠缠于家庭投入。这在施赖伯（Schreber）主席的精神分析案例中可以清楚地看出。我们所感兴趣的，精神分析不感兴趣：你的欲望机器是什么？你对社会场发出谵语的方式是什么？我们这本书的统一性就在于，我们觉得精神分析的缺陷与它紧密属于资本主义社会这一事实相关，也与它不了解精神分裂分析的实质相关。精神分析就像是资本主义，它的界限是精神分裂症，但是它不断地推开或企图取消这一界限。

——你们的著作旁征博引，或采用其本意，或反其意而用之。不管怎样，这部书是一块"文化"的沃土。然而，你们十分重视人种学，却不很重视语言学，十分重视英美小说家，却不很重视当代的写作理论。特别是，你们为什么反对能指的概念？你们出于什么原因弃绝这种体系？

加塔里：能指毫无用处。我们既不是唯一的也不是最早的反对者。看一看福柯的著作或是利奥塔的近作吧。我们对能指的批评之所以难以被人理解，是因为能指是将一切叠合在陈旧的写作机器上的一种扩散开来的存在。能指这一帝国主义，就像它与写作机器同时出现一样，纠缠着能指与所指之间独有而被迫的对立。于是一切都理所当然地与文学相关。这简直就是专制的超编码的法则。我们的假设是这样的：大独裁者（写作时代）的符号在退隐时留下一个可分解为最小要素和最小要素间规律关系的纹面。这种假设至少阐明了能指专横、恐怖、阉割的特性。这是一种异乎寻常的仿古，它退回到大的帝国。我们甚至不肯定能指对语言来说是可行的。正因为如此，我们转向了叶尔姆斯列夫。他早就提出了一种语言的斯宾诺莎理论：内容的流和表达的流，不需要能指。语言作为内容和表达的持续流系统，被离散的、不连续的修辞法的机械搭配所切断。我们在书中未曾发挥的，是陈述的集体施动者的概念，这种陈述欲图逾越陈述主体与语句主语之间的断裂。我们纯属功能主义者，我们感兴趣的是某一事物如何运转，如何运作，那是一个什么样的机器。而能指尚属"想表明什么？"这一问题的范畴，这甚至是一个被划掉的问题。对我们来说，无意识不想表明什么，语言亦然。功能主义失败的原因，是人们试图将它置于并不属于它的领域之中，置于大的结构总体之中，而它一经置入其中，这些大的结构总体便不能以其同样的运转方式形成了。与此不同的是，在微观复数、微观机器、欲望机器、分子组合的世界里，功能主义却是王者。在这一层面上，没有诸如被称为语言机器一类的机器，有的是与其他要素一起存在于一切机器中的语言要素。无意识是一种微观无意识，它是分子的，精神分裂分析是微观分析。唯一的问题是其如何与强感、流、过程、部分客体，与一切不想表明什么的东西一起进行运转。

德勒兹：我们对我们的书有相同的认识。我们关注这本书是否运转，如何运转，为谁运转。书本身就是一部机器。它不是用来反复阅读的，而是应该用来做其他事的。这是一本我们很乐意写成的书。它不是写给那些认为精神分析十分灵通和对无意识有正确认识的人的，而是写给那些认为那种猫一般的呼噜声、俄狄浦斯、阉割、死亡冲动等等都太单调、太凄惨的人的。我们写给在进行抗议的无意识者。我们在寻求同盟者。我们需要同盟者。我们觉得同盟者就在身边，他们并不是静静地等待着我们，有许多人已经感到厌烦，正在相似的方向上思考，感觉，研究。这不是一种时髦，而是一种更为深刻的"时代风尚"，殊途同归的研究已在迥然不同的领域里展开。比如在人种学方面，比如在精神病学方面，又比如在福柯的研究方面。我们与福柯的方法不同，但是我们觉得，在一切我们认为重要的观点上，我们都在他最先开辟的道路上与他会合。诚然，我们博览群书，但是有点信手拈来。我们着眼的问题当然不是回到弗洛伊德，也不是回到马克思。这不是一种阅读之道。我们在一本书中所寻找的，是能让某种避开代码的事物通过的方式，是一些流，一些积极的、革命的逃逸线，一些与文化相对立的绝对译码的线。即使对书而言，也有一些俄狄浦斯的结构，有一些因其抽象、非具体而更加隐晦的俄狄浦斯的代码和连体字。我们在英美小说大家的作品中所发现的，是那种法国作品中很少有的东西：强度、流、机器书籍、实用书籍、精神分裂书籍。我们，我们有阿尔托和半个贝克特。也许有人会批评我们的著作太文学化了，我们肯定那将是来自文学教师的批评。如果说劳伦斯、米勒、凯鲁亚克、巴勒斯（Burroughs）、阿尔托或贝克特比精神病学家和精神分析家更了解精神分裂症，那难道是我们的过错吗？

——你们没有受到更严厉批评的危险吗？你们提出的精神分裂分析其实就是解除分析。可能有人会对你们说，你们在以一种浪漫而不负责任的方式提高精神分裂分析的价值，甚至会说你们有将革命者与精神分裂者混为一谈的倾向。你们对这些可能的批评持何种态度？

德勒兹—加塔里：是的，出现了一个精神分裂症学派，这也很不错嘛。将流解放出来，在人为措施上勇往直前：精神分裂者，这是一个被破译的人，一个消除了恐惧的人。说到此，人们是不为曲解负责的。总有一些人故意进行曲解[看一看对莱因（Laing）和反精神病学的攻击吧]。最近《观察家》杂志刊载了一篇文章。精神病学作者说："我是大无畏的，我在揭发精神病学和反精神病学的现代潮流。"绝非如此。他恰恰选择了这样一个时刻："政治反应"正在加紧反对精神病院和医药业的任何变化。在曲解的背后总有一种政治。我们提出一个十分简单的问题，一个类似巴勒斯提出的关于吸毒的问题：能否不吸毒而获得毒品的力量，不使自己成为病入膏肓的瘾君子？对精神分裂症来说，这是同样的问题。我们将作为过程的精神分裂症与作为医院临床实体的精神分裂症患者的产生区分开来。应该说，二者是相反的。医院的精神分裂症患者是一个欲图做一件事而未成功的人，一个垮下来的人。我们并不是说革命者是精神分裂症患者。我们认为，有一个精神分裂的过程，一个破译的过程，一个解辖域的过程，唯有革命行动才能阻止这个过程转化为精神分裂症的产生。我们提出这样一个问题，它一方面关系到资本主义与精神分析的紧密关系，一方面关系到革命运动与精神分裂的紧密关系。我们说这是资本主义的偏执狂和革命的精神分裂症。之所以可以这样说，是因为我们并不是从这些词的精神病学含义出发，相反，我们是从它们的社会和政治的规定出发，而这些词在一定条件下的精神病学含义的应用仅仅源于这些规定。精神分裂分析只有一个目标，那就是让革命机器、艺术机器、分析机器成为彼此的零件和齿轮。谈到谵妄，我们觉得它有两极，一个法西斯偏执狂，一个革命精神分裂。它不停地在两极间摇摆。令我们感兴趣的是与专制的能指相对立的革命的精神分裂。不管怎样，不必先对曲解表示抗议，人们无法预见曲解，而曲解一旦形成又无法反对。最好还是做别的事，与志同道合的人携手研究。至于负责任或不负责任，我们不知道这些概念。这些是警察的概念，或者是法庭精神病医生的概念。

《弓》（*L'Arc*）1972 年第 49 期，与卡特琳娜·巴凯-克雷蒙（Catherine Backès-Clément）的访谈

3　关于《千高原》的访谈

　　克里斯蒂安·德康：你们的《千高原》是如何组装的？这本书不单纯是写给专家的。用音乐术语来说，它像是以不同的调式写成，杂乱无章，未以要点阐述。简言之，书中充满事件。1914 年，战争，但也是对狼人的精神分析；1947 年，阿尔托遇到无器官身体；1874 年，巴尔贝·都尔维利（Barbey d'Aurevilly）使短篇小说理论化；1227 年，成吉思汗去世；1837 年，舒曼去世……这里日期是事件，是不分年序的标识。你们的高原起伏不平……

　　——这是一套开口的圆环，每一个都可以套入其他环之中。每个圆环，或者说每座高原，都应该有其自己的氛围、自己的音调或音色。这是一本概念之书。哲学总是注重概念，做哲学就是试图发明和创造概念。只不过概念有几种可能的面目。人们长期使用概念来确定一个事物是什么（本质）。相反，我们关注的是一个事物的状况：在何种情况下，何地，何时，如何，等等。我们认为，概念应该说明事件，而非本质。这样就有可能将十分简单的小说的方法引入哲学。例如，间奏这样一个概念该表明我们在何种情况下感到浅吟低唱的需要。又如面貌，我们认为面貌是一种产品，并不是所有的社会都生产面貌，但是有些社会需要生产面貌，那么在何种情况下、为什么会有此需要呢？每个圆环或高原都该设有一个说明图，所以每一圆环或高原都有一个日期，一个虚拟的日期，也都有一幅插图，一幅图像。这是一本有插图的书。的确，我们感兴趣的是一些个性化的方式，这些已不再是一物、一人或一主体的个性化的方式，比如一天中某一时刻、一个地区、一种气候、一条河或一阵风、一个事件等的个性化。人们可能错误地相信事物、人或主体的存在。书名《千高原》反映了那些非人和非物的个性化。

克里斯蒂安·德康：现在，一般而言的书籍和具体而言的哲学书籍都处于一种奇怪的境地。一方面是对应时的非书的吹捧，另一方面是以软弱的表现概念的名义拒绝分析作品。让-吕克·戈达尔提出，印象比表现更重要。一部哲学著作，既是一本难懂的书，也是一个完全可以理解的东西，只要人们需要它，渴望它，它便是一个打开的工具箱。《千高原》表现了知识的作用，但是如何表现这些作用而又不致在这每周都"发现"时代杰作的聒噪声中造成一种舆论效应、一种明星效应呢？如果人们倾听时势权贵的声音，那就根本不再需要概念了。一种报纸杂志形成的次文化潮流便可取而代之。哲学在其研究机构方面受到威胁。万森的巴黎第八大学，这一了不起的实验室，被迁走了。这本充满了科学、文学、音乐、人种学叠句的书，在力图成为一本概念的著作。它在行动，在强有力地行动，这是押在哲学将回归为快乐的学问上的一个赌注……

——这是一个复杂的问题。首先，哲学从不曾专门留给哲学教授。哲学家是那些成为哲学家的人，也就是对概念方面的特别创作感兴趣的人。加塔里是出色的哲学家，首先而特别是在他谈论政治、音乐的时候。因此，应该知道当前这类书可能的位置是什么，可能的作用是什么。更广泛地说，应该知道当前这类书的领域中正在发生什么。几年来，我们经历着一个一切领域都在反动的阶段。这个阶段没有理由放过书籍。人们正在给我们制造一个完全是反动的、预制的、压迫的文学空间，正如司法空间、政治空间、经济空间。我认为这里有一个系统的勾当，《解放报》本该对此进行分析。大众传媒在这一勾当中起着至关重要的作用，但不是绝无仅有的作用。如何抵抗这个正在形成的欧洲文学空间？这很有意思。在对一个可怕的新顺应主义的抵抗中，哲学的作用是什么？萨特曾起过非同寻常的作用，他的逝世从各方面讲都是一个令人悲痛的事件。我认为，萨特之后，我们这一代人的创作甚丰（福柯、阿尔都塞、德里达、利奥塔、塞尔、法伊、夏特莱等）。而现在我觉得那些正在创造什么的年轻哲学家，乃至所有的作家，都处境艰难。他们冒着被提前扼杀的危险。他们的工作非常困难，因为他们面前矗立着发达国家特有的整整一个"非文化"和反创造的体系。这比出版审查更恶劣。审查尚可激起汹涌的暗流，而反动则要使一切归于不可能。这个干枯的阶段势难持久，而暂时几乎只能以一些网络与之对抗。所以，就《千高原》而言，我们关注的问题是，它是否与其他作家、音乐家、画家、哲学家、社会学家所寻求的或正在做的产生一些共鸣，取得一些一致，使我们具有更大的力量或更大的信心。总之，应该对报纸所发生的事情及其政治意义作一作社会学的分析。也许像布尔迪厄这样的人会进行这种分析。

罗贝尔·马焦里：人们可能会奇怪《千高原》中对语言学所给予的重视，甚至会想语言学莫不是在扮演精神分析学在《反俄狄浦斯》中的那种主要角色。在有关篇章（《语言学的公设》《关于符号的若干规定》）中，确实提出了一些概念，如陈述集合搭配的概念，这些概念以某种方式贯穿了所有其他的"高原"。另一方面，你们对乔姆斯基、拉波夫、叶尔姆斯列夫或本弗尼斯特等人的理论的研究——当然是一种批判，完全可以视作对语言学的新贡献。然而人们明显感觉到，你们所关注的不是点明语言中语言学、句法学、语音学或其他什么"学"可能界定的一些科学领域，而是揭发语言学"将语言自我封闭"，将语句与能指、陈述与主体相关联的企图。应该如何评价你们对语言学所给予的重视？这是不是自《反俄狄浦斯》之后反对拉康式能指的独裁，乃至反对结构主义的斗争的继续呢？或许你们只不过是醉翁之意仅在于语言学"之外"的那类古怪的语言学家？

——对我而言，语言学没有任何本质性的东西。如果菲利克斯在此，他也许另有高见。确实如此，菲利克斯看到一个语言学转化的运动。语言学最先是语音学，继而是句法学和语义学，而后又越来越成为实用学。语用学（场合、事件、行为）曾长期被视为语言学的"垃圾场"，然而现在变得日益重要：像语言单位或语言抽象常数这样的语言表现越来越不重要。当前这种研究运动是有益的，因为这正可以使小说家、语言学家、哲学家、"声音学家"等殊途同归，找到共同点。（所有在戏剧、歌曲、电影、视听等不同领域研究声与音的人，我统称之为声音学家。）在这一运动中有着出色的成果。我想举一些最近的例子。首先是罗兰·巴特的进展：他经历了语言学、语义学和句法学，但是他日益成功地创立了他自己的语用学，一种内心语言的实用学；场合、事件和行为由外部渗透到语言之中。另一个例子：娜塔丽·萨洛特写了一本非常精彩的书，像是一定数目的句子的戏剧表演，这是哲学与小说融为一体的例子。与此同时，像迪克罗（Ducrot）这样的语言学家以另外一种方式写出一部关于句子的表现、战略和实用性的著作。这是殊途同归的范例。还有一个例子：美国语言学家拉波夫的语用学研究，他同乔姆斯基的对立，他与贫民区语言的联系。而我们，我并不认为我们十分精通语言学。但是精通本身不也是一个较为模糊的语言学概念吗？我们只是提出对我们似乎很必要的一些主题：1. 口号在语言中的地位，2. 间接引语的重要性（和对隐喻作为不适宜的、无实际重要性的手段的揭露），3. 对语言学常量乃至变量的批判，对持续变化区域的支持。但是在《千高原》中，音乐以及音乐与声音的关系占据比语言学更重要的地位。

罗贝尔·马焦里：你们断然拒绝隐喻以及类比。你们借现代物理学的黑洞这一概念，描述了一些吸入而不复吐出的空间。黑洞的概念与白壁的概念相近。对你们来说，脸就是一个凿有黑洞的白壁，脸的特征正是由此而形成。但是你们更进了一步，不断谈论模糊总体、开放体系。你们与最现代科学的邻近使人产生疑问，对这样的一部著作，科学家能派何用场？难道他们没有可能从中看到一些隐喻吗？

——的确，《千高原》使用了一些与科学共鸣甚而相通的概念：黑洞、模糊总体、邻域、黎曼空间……对此，我要说，有两类科学概念，尽管两者实际上已混为一谈。一些是性质精确的、量的、方程式的概念，它们只有精确才有意义。哲学家或作家只能以隐喻的方式使用这类概念。这很糟糕，因为它们属于精确科学。但是也有一些概念从根本上说是非精确的，但却是绝对严密的，学者离不开它们。这类概念同属于学者、哲学家、艺术家。问题在于赋予它们一种并非直接是科学的精确性，而当一个学者做到这点时，他也就是哲学家或艺术家了。这类概念并非因其缺陷而模糊，而是因其性质和内涵而如此。眼前即有一例。普里高津和斯唐热（Stengers）的《新联盟》（*La novelle alliance*），这是一部反响很大的书。在这本书所创造的概念中，有分支区域的概念。普里高津是热力学专家，他从中创造出这一概念，而这正是一个不可区分的哲学、科学、艺术的概念。反之，哲学家也并非不可能创造出用于科学的概念。这也屡见不鲜。举一个较近的但已被人遗忘的例子：柏格森对精神病学有着深入的研究，而且同黎曼的数学空间和物理空间有着紧密的关系。问题绝不在于求得人们并不希求的一致，而在于每个人的研究都能产生一些趋于一致的意外成果、一些新的成果、一些连续性的成果。在这方面，无论哲学、科学、艺术还是文学，谁都不该拥有特权。

迪迪埃·埃里蓬：尽管你利用了历史学家的成果，特别是布罗代尔的成果（人们只知道他对景物的兴趣），可是至少可以说你并未给予历史一个决定性的地位。你更愿意当地理学家，你更偏爱空间，你说应该绘出一个生成"地图"。我们这里不是拥有了一种由一座高原到另一座高原的手段了吗？

——历史，这当然非常重要。但是当你观察任一研究的线路时，你会看到这条线在某一段是历史的，但也是非历史的、外历史的……在《千高原》中，生成远比历史更重要。这完全不是一回事。比如我们正试图建立战争机器的概念，这首先牵扯到某种空间，一些非常特殊的人的组合，一些技术工艺和情感的成分（武器与首饰……）。当这样一种组配与国家机器发生变化多端的关系时，它的历史性只是第二位的。关于国家机器本身，我们将它们与辖域、地球和非辖域化这样的一些限定联系在一起：当辖域不再被连续开发，而成为即时比较的对象，并由此而卷入一种非辖域化的运动时，便有了国家机器。这是一组漫长而连续的历史镜头。但是在完全不同的另外一些条件下，我们也发现了这样一群以不同方式分类的概念，例如：动物辖域、动物辖域与外界中心的关系——这个中心就像是地球、那些仿佛在迁徙中进行的宇宙非辖域化运动，等等……在关于浪漫曲的议论中，我们也看到这些概念：辖域、土地或土著，还有开放、出发、宇宙，等等。我觉得，从一定的意义上说，《千高原》中议论间奏的部分，似乎就是对议论国家机器的那一部分的补充，虽然这并不是同一主题。正是在这个意义上，一座"高原"与另一座"高原"相连。另一个例子：我们正试图为一套我们称之为激情的非常特殊的符号下定义。这是一个连续的过程。我们可以在某些历史的进程中发现这套符号，但是也可以在其他情况下发现它们，在精神病学所研究的谵妄中，在文学作品中（例如在卡夫卡的作品中）发现它们。问题根本不在于将每一概念集合在同一概念中，而是相反，在于将每一概念与决定变化的变项联系在一起。

罗贝尔·马焦里：《千高原》的"破碎"形式，它的非编年但标有日期的组织结构，它的资料的多样性和丰富性，它的那些借自五花八门、看似光怪陆离的理论的概念，这一切至少有一个好处：可以使人得出存在着一种"反系统"的结论。《千高原》并不是竖起一座山，而是生出千条路，这些路四通八达，与海德格尔的路相反。彻底的反系统，拼贴连缀的布片，绝对的散逸，这就是《千高原》。而我另有感觉。首先是因为，正如你在《弓》杂志（1980 年新版第 49 期）所说的，《千高原》属于唯一的哲学种类，属于传统意义的哲学；其次是因为，虽然这本书的表现方式是明显不系统的，它却表达了某种"对世界的看法"，使人看到或窥见一个"实在界"，这个实在界与现代科学理论所描述的或试图证明的实在界不无相似之处。总之，将《千高原》视为一个哲学系统，就那么不合常理吗？

——不，绝非如此。系统的破裂，因知识的多样性（现在已非 19 世纪……）而形成系统的不可能性，已成为时下流行的看法。这种思想有两个弊端。其一，人们只是在极其局部的、界线分明的小系列内构想严肃的研究。其二，更为糟糕的是，更广泛的研究被交付给了不事研究的想入非非者，他们每个人都可以随心所欲地信口开河。事实上，系统并未丧失任何活力。今天，在科学或逻辑学上，开始出现一种被称作开放系统的理论，这些开放系统建立在相互作用的基础上，只是弃绝了线性因果关系并转变了时间概念。我十分赞赏莫里斯·布朗肖。他的著作不是琐碎的片段或警世的格言，而是一个开放的系统，已先构成一个可与当前正在出现的情况相对立的"文学空间"。我和加塔里称为根状茎者，即开放系统的一例。什么是哲学？我要重新回到这一问题上。因为这个问题的答案应该是十分简单的。众所周知，哲学研究概念。一个系统便是一整套概念。当概念与状况而非本质相关联时，便是开放系统。但是，概念不是现成的，不是预先存在的，需要发明，需要创造。哲学有着与艺术或科学同样多的发明或创造。创造必要的新概念一直是哲学的任务，这是一方面。而另一方面，概念也并不是应时的泛泛之谈。相反，这是一些对普通思想的流发生作用的特殊之物。没有概念也完全可以思想，但是一旦有了概念，便确实有了哲学。这与意识形态毫不相关。概念充满了批判的、政治的和自由的力量。唯有系统的力量才能指明概念的构筑中的好或不好，新或不新，活或不活。没有绝对的好，一切取决于系统的用途，取决于系统的明智。我们试图在《千高原》中表明，好永远不是确定的（例如，一个平滑空间不足以战胜划痕和强制，一个无器官身体不足以战胜组织）。有人责备我们出于炫耀而使用一些复杂的词。这不仅是恶意的，也是愚蠢的。概念有时要用新词来表示，有时要用赋予特殊含义的普通词来表示。

总之，我认为哲学思想从不曾像现在这样有着如此之多的作用，因为现在正在建立不仅是政治的，也是文化和新闻的一整套制度，这种制度是对一切思想的侵犯。再说一遍，《解放报》应该研究这一问题。

迪迪埃·埃里蓬：有几点我想再提一提。刚才谈到你们十分重视事件，并谈到你们对地理的重视甚于对历史的重视。那么，在你们想制定的"地理图"中，事件处于何种位置呢？

谈到空间，也应该再说一说你们与辖域联系在一起的国家问题。是否国家机器建立了"强制的有划痕的空间"，"战争机器"企图在逃逸线上构筑"平滑空间"？而你们又警告说："平滑空间不足以拯救我们。逃逸线不非得是解放性的。"

——我们所说的"地图"，或者甚至就是"图"，是一套同时发生作用的不同的线（手纹线条便构成了图）。不仅在艺术上，也在社会上，在人的身上，有各种迥然不同的线。有些线表现某种东西，有些是抽象的。有些有节，有些无节。有些有度，有些有方向。有些线无论抽象与否都勾出轮廓，有些则不勾出轮廓。勾出轮廓的线是最美的。我们认为线是事物或事件的组成部分。因此各物皆有其地理图、地图、图。人身上最令人感兴趣的，正是构成其人的线，或是其人所构成的线，其人所借的线或是其人所创造的线。为什么让线优先于面和体？其实线并无任何优先。有一些与不同的线相关的空间，也有相反的空间（这里又出现了科学概念，如曼德尔布罗的"破碎片形物"）。某一类型的线包裹着某一空间或主体的形式。

由此引出你的第二个问题：我们将"战争机器"描述为一种构筑在逃逸线上的线性装配。在这个意义上，战争机器的目标绝不是战争，而是一种十分特殊的空间，一个"平滑空间"，一个战争机器组成、占据和扩散的空间。流浪生活正是这种战争机器——平滑空间的结合。我们试图显示战争机器如何和在何种情况下将战争作为目标（即在国家机器将最初并不属于它的战争机器归为己有时）。战争机器可以是革命的、艺术的，这远比它是战争的更有可能。

你的第三个问题构成了不要预先做出判断的又一个理由。人们可以界定线的类型，但是不可以做出此好彼坏的结论。不能说逃逸线必定是创造性的。不能说平滑空间就比节段空间或划痕空间好，正如维希留所证明的，核潜艇便是一个服务于战争和恐怖的平滑空间。在一个地理图上，人们只能标示路线和运动，以及机会和危险的系数。这种对线、空间、生成的分析，就是我们所说的精神分裂分析。我们觉得这与历史的问题既十分接近又相差甚远。

迪迪埃·埃里蓬：线、生成、事件……我们也许又回到了最初的日期问题上。每座高原都标有日期："公元前7000年：捕获装置"，"元年：颜貌"……你说这是一些虚拟的日期，但它们是否反映了事件、状况并绘出了我们所说的地理图呢？

——每座高原都标有日期，标有虚拟的日期，这并不重要。更重要的是每座高原都被描述了一番，并拥有一个专有名词。

电报文体具有一种不单纯是来自简洁的力量。像"儒尔晚5时抵达"一类的句子就毫无意思。

但是当行文使人产生急迫感，使人感到在我的背后某事即将发生或刚刚发生时，那就十分有趣了。专有名词在表示人之前，首先表示力量、事件、运动与活动、风、飓风、疾病、地点和时刻。不定式表示突破时态的生成或事件。日期并不反映均衡而统一的日程，而是每次皆变的时空……这一切构成了表述的搭配："1730年狼人成群"……，等等。

《解放报》(*Libération*)，1980年10月23日，与克里斯蒂安·德康（Christian Descamps）、迪迪埃·埃里蓬（Didier Eribon）和罗贝尔·马焦里（Rober Maggiori）的访谈

二、电　影

4 关于戈达尔《2×6》的三个问题

——《电影手册》希望采访您，因为您是"哲学家"，我们很想刊登一篇这方面的文章，特别是您喜欢并赞赏戈达尔的工作。您对他最近的电视节目有何看法？

——同许多人一样，我很受感动，这是一种持久的感动。我可以说一说我是如何想象戈达尔的。他是一个全身心投入工作的人，因此他就必定处于绝对的寂寞之中。这不是一种普通的寂寞，而是一种非常充实的寂寞。这种寂寞不是充满梦想、幻想或计划，而是充满行动、事件乃至人物。一种多彩多姿、富有创造性的寂寞。正因为处于这种深沉的寂寞之中，戈达尔能够成为一种特殊的力量，使共同工作的伙伴成为一种力量。他平等待人，无论对官方或组织的权贵，还是对女佣、工人、病人，都一视同仁。在电视节目中，戈达尔总是站在平等的地位上提出问题。这些问题使我们这些观众感到窘迫，但从不使被提问者感到窘迫。他同谵妄者谈话，既不以精神病学家的方式，也不用一个疯子或假装疯子的方式。在同工人谈话时，他不是老板，不是工人，不是知识分子，也不是支配演员的导演。这绝不是因为他能够像八面玲珑的人那样巧言令色，而是因为他的寂寞赋予他一种巨大的本领，一种与众人融合的本领。可以说，他总是结巴，他不是讲话结巴，而是由于语言本身而结巴。一般来说，只有讲外国语言的人才是外国人。而他则相反，是一个讲母语的外国人。普鲁斯特说，优美的书必定是用某种外国语写成的。这话也适用于戈达尔的电视节目。他甚至为此强化了他的瑞士口音。正是这种创造性的结巴，正是这种寂寞，使得戈达尔成为一种力量。

他总是寂寞，这您比我更清楚。正像一些人想让人相信的那样，电影上从不曾有过戈达尔的轰动。那些人说："他变了，从此就不行了。"其实他们往往就是从一开始便憎恨他的那些人。戈达尔超越并且影响了所有的人，而这并不是通过成功或可称之为成功的途径，更主要的还是由于他坚持不懈地抓住了他自己的线，那是一种积极的逃逸的线，一种曲折的、"Z"字形的、隐秘的线。总之，在电影方面，人们毕竟还是将他禁锢在了他的寂寞中。人们已将他定了位。然而，此时，他利用余暇，在人们呼唤创造的潮流之中，他以6部2集的电视节目占据了荧屏。他可能是没有让电视欺骗的绝无仅有的一例。通常人们不战已败。一些人或可原谅他所搞的电影，但是不能原谅他所搞的这套电视节目，这套节目搞乱了电视最核心的东西（向人们提问，让他们说话，展现其他地方的影像，等等）。虽然人们已不再谈及此事，虽然事情已经过去，但是人们并不原谅他。许多团体的愤怒是理所当然的。摄影记者协会的公告便是典型一例。戈达尔至少激起了人们的愤恨。但是他终究证明了电视获得另一种"人缘"是可能的。

——您没有回答我们的问题。假如您必须讲授有关这些节目的课程……您洞察到或感受到了哪些思想呢？您将如何解释您的热情呢？虽然还有其他最重要的问题，但是可以随后再谈。

——好的，但是思想，一种思想的获得，并非来自观念，而是来自实践。戈达尔有一句妙语："无所谓正确的影像，只是影像。"哲学家也应该这样说：无所谓正确的思想，只是思想。因为，正确的思想，总是那些与占主导地位的含义或与既定口号相符的思想，总是那些证实某一事物的思想，即便这某一事物是将要来临的，即便这是革命的未来。而"只是思想"，则是现在-生成，是思想的沉吟，它们只能以提问的形式表达出来，而这些提问又往往使人无言以对。这些思想表明无须任何证明的简单事物。

在此意义上，戈达尔的电视节目中有两个思想，两者不断地混淆，不断地节节混合或节节分离。这也正是每个电视节目都分为两部分的原因之一。这两部分就像小学里的两个极：自然课和语言课。第一个思想是关于劳动的。我认为戈达尔不断地对一种广为流行的、仿佛是马克思主义的、提纲式的解释提出质疑。这些解释在某些方面可以说是相当抽象的，例如这样的一些表述：在社会基本不合理条件下的"劳动力"买卖，或者相反，在社会基本合理条件下的"劳动力"买卖。戈达尔提出了一些非常具体的问题，围绕下列问题展现了一些影像：人们究竟在购买什么，出卖什么？一些人准备出卖什么，一些人准备购买什么？什么是买卖不一的事物？一个年轻的焊工准备出卖焊工的劳动，但在成为一老妇人的情夫时却并不准备出卖他的性力。一个女佣很乐意出卖做家务的时间，但是不乐意出卖唱《国际歌》的时间。为什么？因为她唱得不好？而如果恰恰是为了谈论她不善唱的歌曲而付给她钱，她又会怎样呢？反过来，一个职业钟表技工很愿意为自己的专业劳动获取酬金，但是拒绝为作为电影业余爱好者而进行的业余劳动获取酬金，他说那是他的"爱好"。而影像显示出，在这两种情况下，在钟表组装台上和电影剪辑台上，两种动作却惊人地相似，难以区别。但是钟表技师说了："不，这里区别很大，动作中是否包含着深情和兴趣，大不一样。我不愿为我所喜欢的电影收取酬金。"那么电影人，摄影师是否收取酬劳呢？再有，一个摄影师又准备花钱购买什么呢？在一些情况下，他准备为模特付钱。在另一些情况下，模特付给他钱。但是，在他拍摄受刑或行刑场面时，他既不付钱给受刑者，也不付钱给行刑者。还有，当他拍摄患病的、受伤的或忍饥挨饿的儿童时，他为什么不付给他们钱呢？在一次精神分析学的会上，加塔里曾有过类似的建议：付给接受精神分析者与精神分析师同样的酬劳，因为不能确切地说精神分析师在提供"一种服务"，更应该说这里存在着劳动的分工，在进行两种不平行的劳动：一种是精神分析师听取和筛选的劳动，另一种则是接受精神分析者的无意识劳动。加塔里的建议似乎并未被采纳。戈达尔的话与他如出一辙：既然收看电视的人在提供一种真正的劳动，而且也完成了一种公共的工作，那么为什么不付钱给他们却让他们付钱呢？社会分工意味着工厂要给车间劳动付酬，但也要给办公室和研究实验室的劳动付酬。否则，为什么不能想象工人必须付钱给那些为他们制造产品而做准备的设计者呢？我认为所有这些以及其他许多问题，所有这些以及其他许多影像，都倾向于打破劳动力的概念。首先，劳动力这一概念本身专横地将一个领域孤立起来，将劳动与它同热情、创造，乃至生产的关系割裂开来。这一概念将劳动变为一种保守，一种与创造相反的东西，因为对劳动来说，全部问题就是在相互交换中再生产消耗的物资，再生产自身的力。从这一观点出发，交换合理与否是无关紧要的，因为总得被迫选择一种付酬行为，因为使我们谈论"劳动力"的原则本身始终是扑朔迷离的。正是在劳动与它的假力分开的情况下，各种不同的、不平行的生产流才有可能抛开一切抽象力量的中介而与金钱流建立起直接的关系。我比戈达尔更感到尴尬。但重要的是，戈达尔提出的问题和播放的影像，是观众可能产生的感觉：劳动力的概念并非无可指责，即使是而且尤其是从社会批判的观点出发，这一概念绝非天经地义。所有这些以及其他一些更为明显的原因（他触及了劳动力这一神圣的概念……），解释了法共或某些工会为何对戈达尔的节目产生那样的反应。

还有第二个思想，它与信息相关。人们将语言的本质说成是信息，是一种交流。人们用抽象的单位衡量信息。然而，当小学老师讲解一道运算题或者教拼写时，说她是在传递信息，这就很令人怀疑。她是在指令，主要是在发布号令。给孩子们提供句法，犹如给工人们提供工具，目的在于造出符合占统治地位涵义的语句。应该从本义上理解戈达尔的话：

儿童是政治囚徒。语言是一套指令系统，不是一种信息手段。电视里说："现在让我们轻松一下……，下面播放新闻……"事实上，应该将信息论示意图颠倒过来。信息论以最大量理论信息为前提；另一极是纯粹的噪声，是干扰；二者之间是多余信息，它减少信息，但又使信息战胜噪声。应该将多余信息置于上面，用来传递和重复命令或指令，而将信息作为清晰接收命令所要求的最低限度置于下面。那么再下面呢？再下面应该有某种沉寂一类的东西，或者类似结巴的东西，或者喊叫一类的东西，某种在多余信息和信息下面流逝的东西，某种使语言流逝但也能被听到的东西。讲话，即使讲自己，也总是站在某人的位置上，代替想讲话而又无权讲话的人。塞古（Séguy）张着嘴传递命令或口号。而孩子夭折的妇女也张着嘴。影像由一个声音来表现，如同一个工人由其代表所代表。一个声音取得对一系列影像的权力。那么，如何做到讲话而不下达命令，不企图代表某人或某种事物呢？如何做到让那些无权讲话的人讲话，让那些声音具有反对权力的斗争性呢？使用自己的语言，却像外国人在讲话，这无疑给语言画出一条逃逸线。

这"只是"两个思想，而两个思想就已经很多，很庞大了，包容了许多内容和其他一些思想。戈达尔对两个通行的概念，即劳动力和信息的概念提出质疑。他不说应该提供

"真实"的信息，也不说确实应该付给劳动力报酬（这将是正确的思想）。他说这些概念太暧昧。他写下旁注："错误"。他早就说过，比起作者，他更希望当一个制片策划；比起电影创作者，他更希望当一个电视新闻指导。显然，他并不是想说他希望自己能像韦纳依（Verneuil）那样生产自己的影片，也并不是想说他希望自己在电视上掌有权力。他宁肯做一些杂七杂八的工作，也不肯按照一种抽象的力来确定他的研究；他宁愿将各种准信息、各种言论平摆浮搁，也不愿将它们与被视为号令的抽象信息联系在一起。

——如果说这便是戈达尔的两个思想，那么它们是否与电视节目《影像与声音》所经常发挥的主题相重合呢？是否自然课、影像与劳动有关，词汇课、声音与信息有关呢？

——不，重合只是部分的。影像中必定也有信息，而声音中必定也有劳动。任一整体能够也必须以几种部分重合的方式分割开来。要表现戈达尔的影像-声音关系，需要讲述一个由几个片段组成的非常抽象的故事，需要最终看到这个抽象的故事乃是最简单、最具体的单一片段的故事。

1. 对于一些影像来说，事物本身即是影像，因为影像不在头脑里，不在大脑里。相反，大脑是其他影像中的一个影像。影像间不断地相互作用和反应，不断地生产和消费。影像、事物和运动这三者之间毫无差别。

2. 但是影像或某些影像也有一种内里，并且感受得到这种内里。那就是主题（参阅戈达尔《我所知道的二三事》）。其实在影像所产生的作用和所产生的反应之间有一段差距。正是这种差距赋予影像存贮其他影像的能力，即感知的能力。但是影像存贮的，只是另一些影像中令它感兴趣的东西。也就是说，感知就是从影像中去除我们不感兴趣的东西，留在感知中的东西总是更少。我们充盈着如此之多的影像，以致我们对外部的影像视而不见。

3. 另一方面，有一些有声影像，它们似乎并无任何特权。但是这些或其中某些有声影像却有着一个"背面"，随你称之为什么，观念、意义、语言、表达，等等，皆无不可。有声影像由此而掌握了一种感染或捕获其他影像或一系列其他影像的权力。一种声音掌握了对总体影像的权力（希特勒的声音）。观念像号令一样发生作用，这些观念体现在有声影像或声波中，告诉我们在其他影像中我们应该对什么感兴趣，这就是说观念在支配着我们的感知。总有一个中心"制约"，去掉我们不应该感知的东西，对影像进行规范。这样便出现了扩大前述差距的两种方向相反的潮流：一种是由外部影像到感知，另一种是由支配性观念到感知。

4. 我们卷进了一个影像的链条里，每个人都有其位置，每个人自身都是一个影像，而每个人又都编入了一个像号令一样发生作用的观念巨网中。于是戈达尔、戈达尔的"影像与声音"便同时在两个方向上展开行动。一方面，恢复外部影像的完整性，使我们不是感知到的东西更少，而是使感知与影像相等，还给影像其所有的一切。这已经是一种反对权力及其制约的斗争了。另一方面，拆散作为权力拥有者的语言，使其在声波上断续结巴；分解整套号称"正确"的观念，"仅仅将观念"提出来。也许正是出于诸多原因中的这两个原因，戈达尔以如此新颖的方法使用了"定格"。这有点像当前的某些音乐家：他们采用了一种音响的定格，由此音乐中的一切都会被听到。当戈达尔将黑板引进荧屏，在其上写字时，他并不是将此变成一个拍摄的客体，他是将黑板和书写变成一种新的电视手段，就像是一种较之其他电视潮流自成潮流的表达基质。这一整个4片段的抽象故事颇具科幻故事的特点。而这是当今社会的现实。有意思的是，这个故事在某些方面与柏格森在《物质与记忆》第一章中所说的不谋而合。柏格森被视为睿智的哲学家，可他已不大为人注意。如果电影或电视能使他重新受瞩目，那就太好了（他应该出现在高等电影学院的课程中，可能已经如此）。《物质与记忆》的第一章在照片和电影运动与事物的关系中发展了照片和电影运动的概念。这是一个令人惊异的概念："照片，如果有照片的话，它已经在事物的内部并在空间的每一点被摄制而成，并且洗印了出来……，等等。"这并不是说戈达尔是柏格森主义者。倒应该反过来说，虽然不是戈达尔使柏格森重放光彩，但是他在革新电视的途中与柏格森不期而遇。

——但是，为什么戈达尔的作品中总有"2"呢？不错，有 2 才能有 3……那么这"2""3"的含义是什么呢？

——你们故作不知罢了。其实你们最先知道事情并非如此。戈达尔不是辩证论者。对他来说，重要的不是 2 或 3，或是随便多少，而是并列连词 ET[1]。戈达尔对 ET 的使用才是本质的东西。这非常重要，因为我们所有的思想都可以说更主要是根据动词 EST[2] 所塑造。哲学对属性判断（天空是蓝的）和存在判断（上帝存在）的可简化性或不可简化性争论不休。但这都是动词 ÊTRE[3]。甚至连词的使用也是根据动词 ÊTRE（是，存在）来决定，这在三段论中表现得很清楚。几乎只有

1　法语连词，"和""与""及"的意思。——译注
2　法语动词 ÊTRE 第三人称单数变位形式，"是"、"存在"的意思。——译注
3　法语动词原形，"是""存在"的意思。——译注

英国人和美国人解放了连词，考虑到了关系。不过，当人们将关系判断变为一种独立类型时，人们发现它无孔不入，败坏一切：ET（和）甚至不再是连词或特定关系，它引出了一切关系；有多少个 ET（和），就有多少关系；ET（和）不仅使一切关系摇摆不定，也使 ÊTRE（是，存在）、使动词摇摆不定。ET（和），"ET（和）……ET（和）……ET（和）……"，这完全是一种创造性的结巴，是一种语言的奇特用法，与建筑在动词 ÊTRE（是，存在）基础上的规则的、占统治地位的用法相对立。

　　当然，ET（和）意味着多样性，意味着对同一的摧毁。工厂的同一大门，当我走进去和（ET）走出来以及（ET）失业后经过时，并不是一样的。犯人的妻子在犯人判刑前和（ET）判刑后，并不是一样的。不过，这种多样性并不是收藏品的搜集（就像人们说"又多了一件"，"又多了一个女人"那样），也绝不是辩证法的范式（就像人们说"一生二，二生三"那样）。因为，在所有这些情况下，都存在着"一"这么一个首位者，也就是存在着 ÊTRE（是，存在）这个首位者，人们认为是一这个首位者变得具有多种多样性。当戈达尔说一切皆分为二，一天有早和（ET）晚时，他并不是说或者是此一个或者是彼一个，也不是说此一个变成彼一个，或者此一个变为两个。因为，无论词汇是否是复数，多样性也从不存在于词汇之中，也从不存在于词汇的总体或全体之中。多样性完全在 ET（和）之中，ET（和）具有与语句成分和总体不同的性质。

ET（和）既非成分也非总体，那么它究竟是什么呢？我认为那是戈达尔的力量，生活和思想的力量，以崭新方式表现 ET（和）的力量，使 ET（和）积极行动的力量。ET（和）非此非彼，总是介于两者之间，是交界线，总是有一条交界线的，是一条逃逸线或流动线，只不过人们看不到此线，因为它最不易察觉。然而正是在这条逃逸线上，事物在发生，生成在进行，革命在出现。"并不是处于此一阵营或彼一阵营者才是强者，交界线才是力量之所在"。吉斯卡尔·德斯坦最近在为军队上军事地理课时伤感地说：在整体上，在东西方之间，在苏美之间，在全球谅解、轨道对接、世界警察等方面，形势越是平衡，从北到南的形势便越是不平衡。吉斯卡尔列举了安哥拉、近东、巴勒斯坦抵抗运动，也列举了使"地区性安全不稳定"的所有情况：骚动、劫持飞机、科西嘉……从北到南，总有偏离主体的一些线，一个个 ET（和）表示了一个个新的界限，一个个新的折线方向，一个个新的交界线。吉斯卡尔的目标是："看到交界线"，也就是使人看到看不到的东西。犯人"和"（ET）他的妻子，母亲"和"（ET）孩子，以及影像"和"（ET）声音，还有钟表技工在组装台上"和"（ET）在剪辑台上的动作。这些都是由一条看不见的交界线所分离，这条交界线非此非彼，但是却将此和彼卷入一种不平行的演变之中，卷入一种不知谁跟随谁、也不知将朝向何方的逃逸或流之中。一种交界线的微观政治在对抗一种整体的宏观政治。人们至少知道，在影像与声音的交界线上，事情正在发生，影像正在变得过满，声音正在变得过响。戈达尔在《2×6》的电视节目中所做的，就是6次2回表现和使人看到这条积极而富有创造性的线，就是以此线驱动电视。

《电影手册》（*Cahiers du cinéma*），1976年11月第271期

5 关于运动-影像

——您的著作看上去不像一部电影史，而像一种影像和符号的分类，一部分类学。从此意义上说，这本书是您以往某些著作的续篇。比如，您做了一个关于普鲁斯特的符号分类。但是在《运动-影像》一书中，您第一次决定不谈论某一哲学问题或某一具体著作（如斯宾诺莎、卡夫卡、培根或普鲁斯特的著作），而是谈论某一领域整体，比如这本书所谈的电影。而同时，尽管您声辩不是在写历史，您却从历史的角度对电影进行了探讨。

——从某种角度上说，这是一部电影史，但却是一部电影的"自然史"。这里对影像类型和相应符号进行了分类，就如同对动物加以分类一样。西部片、侦探片、历史片、喜剧片等式样的分类根本不能表明影像类型或本质特点。而特写、全景等镜头分类已有了明确的界定。但是还有许多其他因素的介入，如光、声音、时间，等等。我之所以探讨整体的电影领域，是因为电影建筑在运动-影像的基础之上，电影有能力表现或创造最大量的不同的影像，特别是有能力通过蒙太奇合成不同的影像。这里有感觉影像、动作影像、情感影像，还有其他许许多多的影像。每次都有一些内在的符号同时从这些影像的产生和构成这两个角度表现出它们的特点。这并不是一些语言符号，即使这些符号是有声的，甚至是语言的。皮尔士这样的逻辑学家的重要贡献就是将极其丰富的符号进行了一种相对脱离语言模式的分类。而特别诱人的是，看一看电影是否带来一种需要人们对影像和符号有新理解的触动人的材料。在此意义上，我试图写一部逻辑的书，一种电影的逻辑。

——也可以说您想修复哲学对电影的某种不公正。您特别责备现象学没有理解电影，将电影与自然感觉比较并对立起来，从而贬低了电影的重要性。您认为柏格森理解电影的一切，甚至具有超前的认识，但是他未能或者不愿承认自己的观念与电影相汇合，就好像他在同这门艺术进行着一场追逐。在《物质与记忆》中，他虽然不了解电影，却点明了运动-影像的基本概念及其三种重要形式：感觉影像、动作影像和情感影像，这预言了电影的崭新性。但是不久之后，在《创造进化论》中，当他真的与电影面对面时，他却否定了电影。不过他的否定方式与现象学者不同。他认为电影同自然感觉一样,是一种十分古老的幻觉的延续,也即相信运动可由在时间上静止的截面重现出来。

——这很有意思。我觉得关于想象的现代哲学观念并未考虑到电影,这些观念或者相信运动而摈弃影像,或者相信影像而摈弃运动。令人好奇的是,萨特在《论想象》中考虑到各种类型的影像,唯独没有考虑到电影影像。梅洛-庞蒂对电影颇感兴趣,但只是为了将感觉与行为这两者的一般条件相对照。柏格森在《物质与记忆》中的立场是独特的,或者更应该说,《物质与记忆》在柏格森的著作中是独特的。他不再将运动置于绵延一方,而是一方面提出影像物质运动的绝对同一性,另一方面又发现其为同时存在于一切绵延层面的同在的时间(物质仅是最低的层面)。费里尼最近说,我们同时是儿童、老人和成人,这完全是柏格森的思想。在《物质与记忆》中,一种纯粹的唯精神主义与一种彻底的唯物主义喜结良缘。也可以说,这同是韦尔托夫(Vertov)和德莱叶(Dreyer),同为两种方向。但是柏格森并未在这条路上走下去。他放弃了有关运动-影像和时间-影像的这两个基本突前点。为什么?我相信这是因为柏格森在这里建立起与相对论相关的新的哲学概念。他认为,相对论引出一种其本身并未指明的时间概念，而这种时间概念应该由哲学来建立。但是发生了这样的事：人们认为柏格森在指责相对论，在批评物理学理论本身。柏格森觉得这种误会过分严重，难以消除，于是便回到一种更简单的概念上。总之，他在《物质与记忆》中描绘出后来或可在电影中找到其天地的运动-影像和时间-影像。

——是否可以说，正是人们在德莱叶这样的电影人的作品中所看到的东西，给您以灵感，使您写出本书的精彩篇章？我最近重看了《葛楚》(Gertrud)，这部二十年前的电影即将重新公映。这是一部辉煌的电影，时间的转换达到出神入化的地步，堪与之媲美者，唯有沟口健二的某些片段（如《雨月物语》结尾时，陶器工匠妻子的出现和消失，生与死）。德莱叶在他的《创作笔记》(Ecrits) 中常说，应该消除第三维，消除景深，拍一些平面的影像，以使它们直接与第四维和第五维，即时间和精神，建立关系。比如，在谈到影片《词语》(Ordet) 时，非常有趣的是，他明确指出，这里讲的不是一个鬼魂的或精神错乱的故事，而是一种"精确科学与直觉宗教的关系"。他提到爱因斯坦。原话是："在爱因斯坦的相对论之后，新科学带来这样的证据：除三维世界，即我们感官的世界之外，还存在着第四维，即时间，以及第五维，即精神心理。人们已经证明有可能感受尚未发生的事件。人们为我们展现了新的前景，使我们认识到精确科学与直接宗教的密切关系"……还是回到电影史这一问题上来吧。您让顺序介入，您说某类影像出现在某一时期，比如出现在战后。故而您不仅仅是在进行抽象的分类，甚至也不仅仅是在写一部自然史。您也想探讨一种历史运动。

——首先，影像类型显然并不预先存在，它们必须创造出来。平面影像，或者与之相反的景深，每次皆需创造和再创造。如果您同意，不妨说符号总是与作者相关。因此对影像和符号的分析必须包括对一些大手笔的研究。例如，我觉得印象派是在光与黑暗的关系中设想光的，这种关系是一种对抗。在战前的法兰西流派中则非常不同，并无对抗，只有交替。不仅光本身就是运动，而且有两种交替的光：阳光与月光。这与画家德洛内（Delaunay）十分接近。这是反印象派。现在像里维特（Rivette）这样的创作者之所以迷恋法兰西流派，是因为他重新找到并完全更新了这两种光的主题。他受益匪浅，有惊世之作。里韦特不仅与德洛内相近，而且在文学上与奈瓦尔（Nerval）相近。他是电影人中最大的奈瓦尔派，唯一的奈瓦尔派。在这一切之中，显然有历史的因素、地理的因素贯穿在电影之中，使电影与其他艺术发生关系，使电影接受并发挥影响。这里有一整部的历史。但是我觉得这种影像的历史并不是进化的。我认为一切影像都以不同的方式与同样的成分、同样的符号结合在一起，但并不是任何时刻的任何结合都是可能的。一种成分的发育需要一定的条件，否则它便发育不良或处于次要地位。因此，与其说存在着一些延续关系或渊源关系，不如说存在着发育等级。从这个意义上讲，与其说是历史性的历史，不如说是自然的历史。

——您的分类未尝不是评价。您提到、稍稍提到或不提某些作者，即已表明了您的价值判断。这本书把我们留在了将超越运动-影像本身的时间-影像的门槛上，表明它必然还有下卷。而在这首卷中，您描述了"二战"前后动作影像的危机（意大利新现实主义，法国新浪潮……）。您所描述的这种危机电影的某些特征（被视为有空隙的、分散的现实，一切都成为底片的感觉，主要和次要间的经常对换，镜头组的新式连接，人物特定处境与动作二者间简单联系的断裂）不是已经表现在战前《游戏规则》和《公民凯恩》这两部影片中了吗？人们认为这两部电影开了现代电影之先河，但是您并未提及。

——首先，我并不奢言自己有什么新的发现，我提到的所有作者都已非常出名，我非常赞赏他们。例如，我是从专题的角度上看待罗西（Losey）的世界的；我试图将它描绘成一个高耸的悬崖，上面飞鸟群集，挤满直升机和令人不安的塑像，而下面则坐落着一个维多利亚式的小镇，从悬崖到小镇有一条更为陡直的线。罗西用这种方式为自己创造出自然主义的坐标。人们可以在施特罗海姆（Stroheim）、布努埃尔等人的作品中看到这些坐标的另一种形式，我探讨他们作品的整体。我觉得，在雷诺阿的作品中，一种戏剧-生活的关系，更确切地说一种实像-虚像的关系，占有主导地位。我觉得威尔斯（Welles）第一个构筑了直接的时间-影像，一种已不单纯是从运动推断出的时间-影像。这是一种惊人的突前，后来是雷诺阿处在了突前的位置。但是在这部著作中，我可以谈论自然主义的整体，却难以谈论这些事例。即便是新现实主义和新浪潮派，我也只是在本书的结尾略微涉及一些表面的东西而已。

——人们还是觉得，您最感兴趣的，仍是自然主义和精神主义（比如，一方面是布努埃尔、施特罗海姆、罗西，另一方面是布列松和德莱叶）。也就是说，或者是自然主义的衰败和堕落，或者是第四维精神的激奋和升腾。这是垂直运动。

对水平运动，对运动的串联，比如对美国电影的那些动作串连，您似乎并不怎么感兴趣。在涉及新现实主义和新浪潮时，您有时谈到动作影像的危机，有时谈到整体运动-影像的危机。您认为现在是整个运动-影像进入了危机，从而为超越运动的另一种类型影像的出现准备条件呢，还是认为仅仅是动作影像进入了危机，而运动-影像的另两个方面——感觉和情感——得以存在甚至加强呢？

——不能简单地说现代电影与叙事分手了。这仅是结果，不是本质。动作电影展示了一些感觉运动的情景：有些人物处于某种情景中，根据他们的感觉做动作，必要时做出非常强烈的动作。动作感觉连接，感觉在动作中延续。现在假设一个人物处在一种日常的或非常的、突破一切可能动作或使动作没有反应的情景中。这个情景过于强烈，或者过于痛苦，过于美。感觉与运动间的纽带断裂了。人物已不再处于一种感觉运动的情景之中，而是处在一种纯粹的光和音响的情景之中。这是另一种影像类型。例如影片《斯特罗姆博利》(Stromboli)中的外国女人：她看到金枪鱼的捕捞、金枪鱼的垂死，又看到火山爆发。但是她对这些情景没有反应，没有回答，这些情景过于强烈了："我完了，我恐惧，天啊，多么神秘，多么美……"。又如《1951年的欧洲》中的女市民，她在工厂大门前说："我觉得自己看到了囚犯……"我认为，这些便是新现实主义的巨大创造：人们不再那么相信情景动作或情景反应的可能性，而人们又丝毫不是被动的，人们抓住或揭示哪怕是最平庸的生活中的某些难以容忍、难以忍受的东西。这是通灵者的电影。正如罗伯-格里耶所说，描绘代替了客体。当人们处于这种纯粹光与音响的情景中时，就不单纯是动作即叙事遭到崩溃，这是感知和情感改变了性质，因为感知和情感进入了与"经典"电影的感觉运动体系迥然不同的另一种体系。而且，这已不再是同一类型的空间：空间失去了其运动的连接，而变成一种断裂的或空的空间。现代电影构筑了非同寻常的空间，感觉运动的符号让位给"光符号"和"声符号"。当然，始终存在着运动。但是，整个运动-影像受到了质疑。很显然，在这方面，新的光和音响的影像亦反映了战后出现的外部条件，哪怕构成这些条件的是毁坏了的或变化了的空间，是一切取代动作的"叙事诗"的形式，是随处可见的不可容忍的事物的兴盛。

一幅影像永远不是孤立的。影像间的关系至为重要。而当感觉成为对纯粹的光和音响的感觉时，感觉便不再与动作建立联系，那么它与什么建立联系呢？实在的影像在它与运动的延续断绝后，便与虚幻的、精神的或反映的影像建立了关系。我看到工厂，便认为看到囚犯……这不是一种线性的延续，而是一种循环，两种影像围绕着一个真实与想象不可分的点互相不停地追逐着。可以说，实在的影像与虚幻的影像在结晶。这是晶体-影像，它总是双重的或重叠的，就像人们在雷诺阿和奥菲尔斯（Ophüls）的作品中所见到的那样，也正像后来在费里尼（Fellini）的作品中所见到的那样。有许多影像的结晶方式以及结晶符号。但是总能在晶体中看到某种东西。人们首先看到的是时间、时间层、直接的时间-影像。并不是运动停止了，而是运动与时间的关系颠倒过来了。时间不再从运动-影像的组合（蒙太奇）中推断出来，而是相反，运动从时间中推断出来。蒙太奇未必消失，只是改变了意义，变成了拉普贾德（Lapoujade）所说的"显示"。其次，影像与自己的光与声的要素保持着新的关系：可以说观看变成某种与其说"可见"不如说"可读"的东西。戈达尔式的整个影像教学法正在变得可能。最后，在摄影机发挥其具有相应作用的不同功能的同时，影像变成了思想，变成了能够抓住思想的机制。从这三个方面看，我认为有一个运动-影像的自我超越。如果将这三个方面分一下类，我们可以分别称它们为"时间符号""识读符号"和"精神符号"。

——对语言学，以及对受此学科影响的电影理论，您一向持强烈的批判态度。但是您谈到了与其说"可见"不如说"可读"的影像。而用于电影的"读"这个词恰恰是在语言学占统治地位时而风行一时的（阅读影片的读者……）。您使用的这个词不会造成混乱吗？您的"可读的影像"这一用语是否包含着某种不同于语言学概念的东西？或者是否语言学概念将您引向可读的影像这一概念？

——不，似乎并不是这样。将语言学运用于电影的尝试是灾难性的。诚然，像梅斯（Metz）或帕索里尼这样一些思想家写出了非常重要的评论作品。但在他们的作品中，对语言学模式的参照最终还是证明：电影是另外一回事，就算电影是一种语言，那也是一种类比或变调的语言。可以相信，参照语言学模式是一条歧路，最好放弃。在巴赞最为精彩的文章中，有一篇谈到照片是模具，是铸模（人们也可以用另一种方式说语言也是模具），而电影则完全是变调。不仅声音，而且音响、光、运动，全都处于永久的变调之中。影像的参数亦被置于变化、重复、闪现、旋转……之中。如果说与已经在此方向走得如此之远的传统电影相比，电影现在有所演变，那是从两个角度上看，就像电子影像所表现的那样：参数的多样化和发散级数的形成；而传统影像则倾向于级数的收敛。这就是为什么影像的可见性变为可读性。可读，这里是指参数的独立和级数的发散。还有另一个方面，与我们上面提到的一个问题相合，那就是垂直的问题。我们的视觉世界部分地受垂直高度所制约。美国批评家雷欧·斯坦伯格（Léo Steinberg）说，更能说明现代绘画特点的，与其说是纯粹的光的平面空间，不如说是对垂直特权的舍弃：这仿佛是一个水平或倾斜的不透明平面代替了窗户的原型，一些可知之物处于这一平面之上。这便是可读性，这种可读性并不牵扯到一种语言，而只是牵扯到某种属于图解范畴的东西。贝克特的格言便是：坐比立好，卧比坐好。现代芭蕾是这方面的一个范例：最有力量的动作总是卧地而做，而站立的舞者则总是抱作一团，给人一种分开即会倒地的感觉。在电影上，可能银幕只保持了完全是名义上的垂直，它的作用实则如同一个水平面或一个倾斜面。迈克尔·斯诺（Michël Snow）对垂直特权提出严重质疑，甚至为此制作了一架机器。伟大的电影作者就像瓦雷兹（Varèse）在音乐上所做的那样，他们必须以其所有的手段进行创作，但是呼唤着新的机器、新的工具。新工具在平庸作者的手里虽用而无益，它们替代了思想。相反，对伟大作者而言，新工具受着思想的呼唤。这就是为什么我不相信电影会因电视和录像而死的原因。全新的手段正在供电影作者使用。

——的确，对垂直的质疑可能是现代电影的重大问题之一。例如，格劳伯·罗沙（Glauber Rocha）最近的杰作《土地时代》便有一些奇特的镜头，对垂直提出了真正的挑战。然而，仅从这种"实际测量的"、空间的角度上考虑电影，您是否回避了狭义的戏剧性的一面呢？例如，这一面便突现在希区柯克和兰格（Lang）这样一些伟大作者所探讨的目光问题上。在谈到希区柯克时，您明确提到一种类似"此减彼增记分方式"的作用，那似乎是暗指目光（regard）了。但在您的著作中，根本没有目光的概念，甚至没有目光这个词本身。您是有意如此吗？

——我不知道这个概念是否不可或缺。眼睛已在事物之中构成影像的一部分，是影像的可见性。柏格森指出，影像本身是发光的或可见的，只是需要一个"黑幕"阻止它与其他影像随处活动，阻止它的光线随处扩散和传播，这个"黑幕"是反射和吸收光线的。"光线总是在传播，但是从未被揭示……"眼睛不是摄影机，而是银幕。而摄影机，以其相应的功能，则更应该说是第三只眼睛，精神的眼睛。您提到了希区柯克。的确，正如特吕弗和杜歇（Douchet）所指出的，他将观众带进影片之中。但这不是目光的问题。这更主要是因为他用一整套的关系框住了动作。例如动作是一个罪行。而关系是另一个方面，根据这个方面，罪犯将其罪行"给予"，或者转给或者还给另一个人。侯麦和夏布罗尔清楚地看到这点。这些关系不是动作，而是仅存在于思想中的象征性行为。这正是摄影机所揭示的：摄影机的取景和运动表达出思想中的关系。之所以说希区柯克非常英国化，是因为令他感兴趣的是关系问题和关系的反常。在他的作品中，框架就如同一个壁毯的框架：它挂住关系的链条，而动作仅构成忽上忽下的活动网络。如此看来，希区柯克引入电影的，是思想的影像。这与目光无关，而如果说摄影机是眼睛，那便是精神的眼睛。由此而决定了希区柯克在电影界的非凡地位：他超越了动作-影像而走向了某种更为深刻的东西，走向了思想中的关系，走向了一种通灵。不过，他并未看到动作-影像和更广义的运动-影像正面临危机，他将其提高到一个至善至美和登峰造极的地步。结果，人们既可以称他为传统的终结者，也可以说他是现代的第一人。

——您认为希区柯克是表现关系的杰出影人，是您所谓"争头彩"的电影作者。关系是否就是您所称的整体呢？这是您书中的一个难点。借助柏格森的理论，您说："整体不是闭合的，相反，它是敞开的，是某种永远敞开的东西。闭合的是总体。不可混淆……"

——敞开被认为是里尔克所看重的一种诗的概念。但这也是柏格森的哲学概念。重要的是将总体与整体区分开。如果混为一谈，整体便失去了意义；人们便陷入了所有总体的总体这一著名悖论之中。一个总体可以集合迥然不同的成分，但它仍然是闭合的，相对闭合或人为闭合的。我之所以说"人为"的，是因为总有一条线将总体与另一个更广阔的总体联系起来，即使这条线非常纤细。然而，整体则是不同性质的，属于时间范畴，它贯穿一切总体，正是它阻止了总体最终完成自己的趋向，即完全闭合。柏格森不断地说，时间就是敞开，就是随时随刻都在不断改变性质的东西。这就是整体（le tout），整体不是总体（un ensemble），而是从一个总体对另一个总体的永久过渡，是从一个总体到另一个总体的转化。这种时间-整体-敞开的关系是很难理解的。而恰恰是电影为我们将此关系变得简单了。有三个同时共存的电影层面：取景，这是确立一个人为封闭的临时总体；剪切，这是确定运动或分布在总体各成分中的运动；但是运动也表现了整体的变化，这种变化便是蒙太奇所决定的了。整体贯穿一切总体，阻止其完全闭合。说到画外空间，有两重意思：一方面，任一特定总体都是更大的二维或三维总体的一部分；另一方面，所有总体都沉浸在一个不同性质的四维或五维的整体之中，整体不断通过它所贯穿的任其广大的总体而变化。在某种情况下，这是一种空间和物质的延伸；而在另外的情况下，这是德莱叶或布列松式的精神规定性。这两者并不相斥，而是互补，互促，时而此优，时而彼先。电影从未停止利用这些同时共存的层面，每个伟大作者都有其设计和实践的方式。在一部出色的影片中，如同在一切艺术品中，总有某种敞开的东西。你每次探究其为何物时，总会看到那就是时间，是整体，就像它们以迥然不同的方式在影片中所表现出的那样。

《电影手册》第 352 期，1983 年 9 月 13 日，与帕斯卡尔·博尼泽（Pascal Bonitzer）和让·纳博尼（Jean Narboni）的访谈，刊载时经访谈者整理

6 关于时间-影像

　　——电影已有百年历史……时至今日才有一个哲学家试图提出电影的一些专有概念。如何看待这一哲学思考的盲点？

　　——哲学家确实很少研究电影，即便是在他们看电影时。但是有一个巧合，正是在电影出现的同时，哲学开始努力思考运动。然而哲学家之所以未对电影给予相当的重视，可能出于这一原因：哲学过分专注于为自己完成一件与电影类似的任务，那就是要把运动置于思想之中，正像电影将运动置于影像之中一样。这两种研究在可能的会合之前，是彼此独立的。不管怎样，电影评论家，至少伟大的电影评论家，自提出一种电影美学之始，便成为哲学家。他们不是受过专门教育的哲学家，但是他们变成哲学家。巴赞便有这样的经历。

——您现在对电影评论还有什么期待吗？它应该起什么作用？

——电影评论遇到双重障碍：一方面要避免单纯描述影片，另一方面又要使用外来的概念。电影评论的任务是提出一些概念，这些概念既非"产生"于电影，却又只适用于电影，适用于某一类影片，适用于某一些影片。这些电影的专有概念，只能从哲学的角度形成。这不是一些技术概念（镜头推移、短镜头、景深，等等），技术是没有意义的，它只是服务于它所定的而又无法解释的目的。

正是这些目的构成电影的各种概念。电影采用一种影像自动运动，甚至一种自动时间化：这是基础，这是我试图研究的两个方面。在空间和时间方面，电影将为我们揭示出其他艺术所未揭示的什么东西呢？一个推拉镜头和一个全景镜头完全不是同一空间。不仅如此，有时一个推拉镜头不再划出空间，而是陷入时间之中，例如维斯康蒂（Visconti）的作品便是如此。我试着分析了黑泽明和沟口建二作品中的空间：一方面是一种包容空间，另一方面则是一条全域线。这很不同：在全域线上所发生的并不是在包容空间中所发生的。技术从属于这些大的目的性。这正是困难之所在：既需要一些嫁接在概念差异上的论述，又需要一些特定的、涉及整个电影的再组织。

——如何从贯穿您思考的身体-思想这一问题中排除精神分析及其与电影的关系？或者如何进而排除语言学？总之，如何排除"外来概念"？

——这是同一问题。哲学就电影提出的概念必须是特有的，即只适用于电影。人们尽可以将取景与阉割或特写镜头与部分客体联系起来，但是我看不出这能给电影带来什么。即便是"想象界"（imaginaire）也未必就是适用于电影的概念。电影产自现实。对德莱叶进行精神分析是徒劳无益的，在这方面就像在其他方面一样，不能给电影带来什么。最好还是将德莱叶与克尔凯郭尔相对比，因为克尔凯郭尔已经想到问题在于"制造"运动，而只有"选择"才能制造运动：精神规定性变为电影的相符客体。

对克尔凯郭尔和德莱叶做一番精神分析的比较并不能使我们在电影-哲学这一问题上有何进展。精神规定性如何能成为电影的对象？这可以在布列松、侯麦等人作品的不同方式中看到，这关乎整个电影，不是那种抽象的电影，而是那种最动人、最吸引人的电影。

我们可以说，语言学也同样如此：它同样只限于提供用于电影之外的概念，比如"意群"（syntagme）。电影影像由此而被简化为一种语句，人们将其结构特点即运动省略了。叙事之于电影，如同想象，这是由运动和时间产生的非常间接的结果，而非相反。电影总是叙事影像的运动与影像的时间让其叙述的东西。如果运动接受了感觉-运动范式的规则，即表现一个对情境做出反应的人物，那就有了故事。相反，如果感觉-运动范式分崩离析，代之以无方向的、混乱的运动，那将是另外的形式，将是生成，而非故事。

——您在书中深化了新现实主义的全部重要性。这种关键的断裂明显与战争相关（意大利的罗西里尼、维斯康蒂，美国的雷伊）。然而，先前的小津安二郎，之后的威尔斯，都远离了一切过分故事化的东西。

——是的，之所以在战争结束时，新现实主义出现大的断裂，正是因为新现实主义记录了感觉-运动范式的失败：人物对令其无所适从的情境不再"知道"做何反应，因为那情境太可怕了，或者太美了，或者太令人不知所措了……于是诞生了新一代的人物。特别是诞生了电影影像时间化的可能：这是纯时间，是一些纯状态的时间而非运动。这是电影的革命，这一革命可能是在其他条件下，在威尔斯的作品中做好准备的，也可能在战前的小津安二郎的作品中早已酝酿。威尔斯的作品有一种时间的厚度，一些共存的时间层，景深用以揭示这些层的狭义时间的分段，用以在狭义时间的分段中揭示影像。在小津安二郎的作品中，那些著名的静物画面之所以完全是电影化的，正是因为它们揭示了时间，一种在失去感觉-运动关系的世界里不动的形式的时间。

——但是衡量这些变化的标准是什么呢？如何从美学上，或以其他方式评价这些变化呢？总之，评价影片的依据是什么？

——我认为有一个重要的特殊标准，那就是脑生物学，一种微观生物学。这一学科正处于突变期，积累了一些非凡的发现。这不是精神分析，也不是语言学，而是提供标准的脑生物学，它没有前两门学科那种应用既定概念的弊端。人们可将大脑视为一种相对未分化的物质，人们可探问运动-影像或时间-影像在画出、在创造出什么样的线路、什么类型的线路，因为线路并不是预先存在的。

假设一种像雷乃那样的电影：纵使它是最有趣或最感人的电影，也终究是大脑的电影。将人物引入大脑的线路，人物置身其中的波，是脑线路，是脑波。整个电影因它所建立的脑线路而有价值，恰恰是因为影像是运动着的。大脑并不是理智的：有一种易动情、易激动的大脑……这方面提出的问题关乎搭配、连接、分离、回路和短路的丰富性、复杂性和具体性。因为大部分电影的制作以其专横的暴力和疯狂的色情主义表现出小脑的退化，而非新的大脑线路的创造。剪裁胶片的例子是感人的：它曾经可能会成为非常有趣的、新的电影领域，但是这个领域立即被器官的退化所征服。对于愚蠢化的问题，或是相反，大脑活跃的问题，美学并非漠不关心。创造一些新的线路正同时为大脑和艺术所认同。

——电影似乎先天就比哲学更易被人接受。如何弥补这一差距？有哪些实践？

——并不一定就是这样。比如，我不认为施特劳伯（Straub）派，即使作为政治电影人，就更容易"立足"。一切创作都有政治价值和政治内容。问题在于创作与信息线路和交流线路协调不好。这些信息和交流的线路是现成的、早已完全预备好的、早已退化的线路。一切创作的形式，包括可能的电视创作，都在此遇到共同的敌人。这始终是一个脑的问题：大脑是一切线路的隐蔽面，这些线路可以使最基本的条件反射取胜，也同样可以给更富创造性的轮廓线、给不那么"可能"的关系以机会。

大脑是一个时空体，应该由艺术绘出现实的新道路。人们可以谈论电影的接合，即前后场景的衔接和假接；这不是相同的接合，也不是相同的线路，例如在戈达尔的作品中，在雷乃的作品中，即是如此。我认为，电影的重要性或意义取决于这类问题。

《电影》（*Cinéma*）第 334 期，1985 年 12 月 18 日，与吉尔贝尔·卡巴索（Gilbert Cabasso）和法布里斯·雷沃·达劳纳（Fabrice Revault d'Allonnes）的访谈

7　关于想象界的疑问

——《运动-影像》似乎与《意义的逻辑》的问题意识相关联，但方式却大相径庭。《意义的逻辑》探讨悖论与语言的同存共质关系，而《运动-影像》提出跳出悖论，用敞开的、无限的、整体性的横向概念代替自相矛盾的总体概念。

从电影出发解读柏格森，这个解题过程可归结为视"世界为电影本身"。电影模式在这一解题过程中占有多大地位？

换言之，在您的研究中，电影是扮演解读概念文本的隐喻角色呢，还是一个开启新的逻辑的概念设计者角色呢？

——敞开的整体性的观念具有纯电影的含义。当影像是一种运动的时候，各个影像如果不内在化为一个整体，彼此便不衔接。而这个整体本身是在衔接的影像中外在化的。爱森斯坦（Eisenstein）曾提出这种影像-整体循环的理论，两者互动：影像在衔接的同时，整体在变化。他提到辩证法。事实上他认为这是镜头-蒙太奇的关系。

但是电影并未在运动的、敞开的整体性的模式上停滞不前。这不仅因为（在战前的美、德、法等国的电影中）人们可以完全不从辩证法的角度理解这种运动的敞开整体，而且因为战后电影对这一模式本身亦提出疑义。这也许由于电影的影像不再是运动-影像而成为时间-影像的缘故。这是我在第二卷中所要阐明的。整体的模式、敞开的整体性的模式，意味着在影像之间，在影像本身中，在影像与整体之间，有一些可比较的关系或一些合理的断裂。这甚至就是敞开的整体性的存在条件。爱森斯坦对此提出黄金分割的理论。这个理论与他的实践紧紧地联系在一起，甚至与战前电影实践相当普遍地联系在一起。战后电影之所以与这个模式割裂，是因为兴起了各种各样的影像间不合理的断裂和不可比较的关系。错接成为法则（危险的法则，因为错接可以像正接一样或比正接更甚地遭到失败）。人们将在这里看到一些自相矛盾的总体。但是，如果说不合理断裂是主流，那么这种主流便不再是运动-影像，而是时间-影像。从这一观点出发，由运动而产生的敞开的整体性的模式便不再有价值：不再有整体化，不再有整体的内在化，也不再有整体的外在表现。不再有通过合理断裂的影像连接，只有基于不合理断裂的再连接（雷乃、戈达尔）。这是另一种电影流动状态，从中可以看到语言的反常现象。我觉得最初的有声电影保持了视觉影像的至高地位，将声音变为视觉影像的一个新的维度，一个往往令人赞美的第四维度。相反，战后的有声电影则倾向于一种声响的独立，倾向于一种声响与视觉的不合理分割（施特劳伯、西贝尔贝格、杜拉斯）。不再有整体化，因为时间不再从运动中产生，不再测量运动，而是自我显示，为了产生虚假运动。

因此，我不认为电影与敞开的整体性的模式是浑然一体的。电影曾有过这种模式，但也在创造和将要创造各种模式。其次，没有专属于一种学科或一种知识的模式。我所感兴趣的是共鸣，每一领域都有其韵律、历史、演化和突变。一种艺术可以具有优先地位，但也可以推动一种突变。其他艺术也将以自己的方式推动这种突变。例如，哲学在某一时段推动了一种运动-时间关系的突变，电影也可能正在做同样的事情，但是在另一种背景下，沿袭着另一种历史。于是，两种历史中的决定性事件发生共鸣，尽管这些事件毫无相似之处。电影是一种影像类型。在各种类型的美学影像之间，在科学功能之间，在哲学概念之间，有着一种相互的交流，这种交流独立于一切普遍性的首要（primat）。在布列松的影片中，有一些与感触到的影像衔接断开的空间。在雷乃的影片中，有一些或然的和拓扑学的空间，这些空间有其物理和数学的对应物，但是电影以自己的方式构筑而成（《我爱你，我爱你》)。电影与哲学的关系，即影像与概念的关系。但是在概念本身之中即有一种与影像的关系，在影像本身之中即有一种与概念的关系。例如，电影总想构建一种思想的影像，一些思想的机制。在这方面，电影毫不抽象，而是相反。

——您的思考植根于柏格森—电影这一偶对，作用于您最终称之为柏拉图哲学意义上的理念的一些（美学）范畴和（哲学）实体。

另一方面，您在拒绝对电影进行符号学分析的同时，又找回了皮尔士所提出的关于符号的普通符号学。

您是否认为电影具有一种特殊的使命：按照机械方式起动一种实质的和普遍的思想？在运动-影像和时间-影像的概念中，支持这种电影概念的因素是什么？或者进一步说，在运动-影像的概念中，影像与运动的关系是什么？

——的确，人们可以称之为理念的，是那些时而表现在影像中，时而表现在功能中，时而表现在概念中的诉求。表现理念的是符号。电影中，影像是符号。符号是那些从影像构成和产生的角度上考虑的影像。符号的概念一直令我感兴趣。电影产生出它独特的并由它分类的符号，但是电影一旦产生了符号，这些符号便波及四方，整个世界都"拍起电影"

来。我之所以提到皮尔士，是因为他对影像和符号有着深刻的见解。而另一方面，受语言学影响的符号学之所以令我茫然不解，是因为这样的符号学取消了影像的概念，也取消了符号的概念。它将影像简化为一种语句，这使我感到非常奇怪。既是语句，它便找到了语句后面的语言程式——语义段、聚合关系、能指。这是一个致使人们看不到运动的障眼法。电影，首先是影像-运动。在影像与运动之间甚至不存在"关系"，电影创造了影像的自发运动。再者，当电影进行"康德式"的革命时，也就是说当它停止将时间从属于运动时，当它将运动变为一种对时间的依赖（用虚假运动表现时间关系）时，那么电影影像便成为一种影像-时间，一种影像的自发的时间化。因此，问题并不是知道电影是否具有一种对普遍性的追求。问题不是普遍性的问题，而是特殊性的问题。影像的特殊之处是什么？影像是一种图形，这种图形并不是由它普遍表现什么而确定，而是由它所关联的内在特殊性或特点所确定，例如爱森斯坦上升为理论的影像-运动的合理断裂，或影像-时间的不合理断裂。

——您在对电影的分析中从未使用过想象界一词，而这个词在其他人给电影语言定性的研究中广为使用。您不使用此词的原因何在？您对光在影片影像表现中的作用的见解，您那颇吸引人注意的关于目光已在影像之中的看法，难道不能使您明确提出关于想象界的概念吗？

广而言之，想象界这一因学科不同而变异极大的概念，是否在哲学领域有一席之地呢？您如何给这一概念下定义？

通过您对电影的分析，您能详细说明一下想象界在您自己的研究——包括对电影的研究——和写作实践中启发作用吗？

——的确，这里有一个严格意义的哲学问题："想象界"是否是一个确切的概念？首先是"实在-非实在"这一偶对。可以按柏格森的方式下定义：实在是合理的连接，是现实事件的连续衔接；非实在是对意识突然打断和意识的不持续，是实在化的一种潜在。再者是"真-假"这一偶对。实在与非实在总是有区别的，但是其间的区别并不总是可分辨的。当实在与非实在不可分辨时，便有了假。而在有了假时，真也就不再是可确定的了。假不是一种错误或一种混淆，而是一种使真变得不可确定的潜能。

想象界是一个非常复杂的概念，因为它处于上述两个偶对的交叉点上。想象界不是非实在，而是实在与非实在的不可分辨性。这两个词是不相符的，是有区别的，但是两者在不断地互换着它们的差异。这在结晶现象的三个方面可以清楚地看出：实像与虚像互换，潜在变为实在，实在变为潜在；透明与不透明互换，透明变为不透明，不透明变为透明；细菌与培养基互换。我认为想象界是这种交换的总体。想象界是影像-晶体。它对现代电影曾是决定性的：它以极不同的形式表现在奥菲尔斯、雷诺阿、费里尼、维斯康蒂、塔可夫斯基、扎努西（Zanussi）等人的作品中。

再谈一谈人们在晶体中所看到的。人们在晶体中所看到的是假，或者说是假的潜能。假的潜能就是时间本身，这并不是因为时间的内涵是可变的，而是因为作为生成的时间形式对一切真实的模式提出质疑。这出现在时间电影中，出现在威尔斯、雷乃、罗伯-格里耶等人的作品中。这是一种不可确定的电影。简言之，想象界并没有超越自身趋向一种能指，而是趋向表现一种纯时间。

因此，我对想象界的概念并未给予重视。再者，这一概念以一种结晶为前提，以一种物理的、化学的或精神的结晶为前提。这一概念不确定任何东西，而是由作为交流回路的影像-晶体所确定。想象，就是制造影像-晶体，就是使影像像晶体一样发生作用。并不是想象界，而是晶体以其三重回路具有启发作用。这三重回路即是实在-潜在，透明-不透明，细菌-培养基。此外，晶体本身也只是由于人们从中看到些什么而有价值，结果想象界被跨过。人们在晶体中所看到的，是成为独立的、不依赖于运动的时间，是不断产生虚假运动的时间关系。我不相信在梦、幻想等之中的想象界的潜能。想象界是一个不很确定的概念。它必须严格地置于一定的条件之中，条件就是晶体，而人们所达到的无制约者便是时间。

　　我不相信想象界的特异性，但是相信影像的两种机制。一个可称为有机的机制，此为影像-运动的机制，这种机制源于合理断裂和衔接，它本身投射出一种真实的模式（真即一切……）。另一种是晶体机制，此为影像-时间的机制，这种机制源于不合理断裂，只有一些重复的衔接，并以作为生成的假的潜能代替了真的模式。正因为电影使影像运动，它才以自己的方式遇到这两种机制的问题。但是人们亦以其他方式在别的地方发现了这些问题：沃林格（Wörringer）很早以前便论证了艺术表现两种机制的冲突，一种是"传统的"有机的机制，一种是无机的或晶体的机制，后者具有并不比前者小的生命力，具有一种非有机的、野蛮的或哥特式的强大生命力。这里有两种风格，很难说哪种风格更"真"，因为真或作为模式或作为理念仅属于两者之一。概念或哲学也可能会贯穿这两种风格。在以生成的潜能代替真的模式，以非有机体代替有机体，以"情绪化"的重接格言代替逻辑的衔接等方面，尼采是这种晶体机制的哲学论述的典型。沃林格所说的印象派便是对非有机生命理解的绝好一例。这种理解充分表现在电影中，用想象界很难解释这种理解。但是印象主义仅是晶体机制的一种情况，绝非全部。在其他艺术种类中，或者就在电影本身中，也还有其他样式。除了这里谈的晶体的和有机的两种机制之外，就没有其他机制了吗？当然有。（数字化的电子影像的机制是什么？是硅机制而不是碳机制？这里，艺术、科学和哲学又交汇在一起。）在这些关于电影的著作中，我所希望完成的任务，不是对想象界的探讨，而是更实际的研究，是对时间的各个晶体面的研究。这是在电影领域中的研究，但也是在艺术、科学、哲学诸领域中的研究。这不是想象界的机制，而是符号的机制。我希望这一研究也有益于对其他机制的研究。符号分类是无限的，这首先是因为分类具有无限性。令我感兴趣的是一门有点特殊的学科：分类学，即对分类的分类，这种分类学与语言学相反，不能抛开符号的概念。

《框架外》（*Hors-cadre*），1986 年第 4 期

8 致塞尔日·达内的信：乐观主义、悲观主义和旅行

　　您的上部著作《斜坡》(*La rampe*，1983)收录了您在《电影手册》上发表的文章。此书之所以成为一部真正的专著，是因为文章是根据您对《电影手册》所经历的不同时代的分析而编排的，但也是而且特别是根据您对电影影像不同功能的分析而编排的。造型艺术的先驱者之一里格尔(Riegl)曾指出艺术的三个目的：美化自然，精神化自然，与自然竞争(美化、精神化和竞争在其作品中具有决定性的、历史的和逻辑的含义)。在您所提出的"历史分期"中，您以这样一个问题明确了影像的第一个功能：影像后面有什么要看的？后面要看的，无疑只表现在接下来的影像里，但是起着把第一个影像过渡到其他影像的作用，把各个影像连接到一个有机的、有力的、美化的整体之中，即使"恐惧"是这种过渡的一部分。您可以说，这第一时期的秘诀是"门后的秘密"，是"渴望看得更多，看到后面，看得透彻"，此时任一对象都

可以起"临时遮挡"的作用，每一影片都在一种理念思考中与其他影片相连接。可用蒙太奇艺术描述这电影第一时期的特征。蒙太奇艺术可以在巨大的三联折画中达到顶峰，构成自然的美化或世界的百科全书。但是描述这电影第一时期特征的，也可以是一种表现和谐与协调的影像的深度，一种障碍与跨越障碍、不谐和与化解不谐和的分布，一种在这巨大的万能舞台上演员、形体和台词的作用。这一切都是为了使人看到更丰富的内容，"看得更多"。在您的新作中，您建议将爱森斯坦的书房、爱森斯坦博士的工作间作为这个大百科全书的象征。

您提出，这种电影并非自行消亡，而是战争将它扼杀了（莫斯科的爱森斯坦工作室确实变成了无人问津的、废弃的、改作他用的处所）。西贝尔贝格（Syberberg）曾将瓦尔特·本雅明的某些看法推得很远：应该将希特勒作为电影人加以审判……您自己也提到，"在恐怖无孔不入、影像后面只见军营、身体只与折磨相联系的条件下，大规模的政治表演、成为生动图画的国家宣传、第一次对群众的操纵"，所有这一切实现了电影的梦想。保罗·维希留后来也指出，法西斯主义一直在与好莱坞的竞争中生存到最后。世界的百科全书，自然的美化，本雅明所说的作为艺术的政治，都成为纯粹的恐怖。有机的整体已只是极权主义，权力不展示作者或导演，而只展示卡利加里（Caligari）和马布兹（Mabuse）的成果（您说，导演这一古老的职业将永不再是清白的）。如果说战后电影必定复兴，那必定是在新的基础上，在新的影像功能的基础上，在新的"政治"的基础上，在新的艺术目的性的基础上。对此，雷乃的作品或可说是最伟大的，最富预见性的。是他使电影死里逃生。从处女作到最近的《死恋》，雷乃只有一个电影主题、一个身体或演员，那就是死里逃生的人。您甚至将雷乃与布朗肖的"灾难书写"相联系。

于是，在战后，影像的第二个功能表现在一个崭新的问题上：影像上有什么要看的？"不再是'后面有什么要看的？'而是'我能否凭目光确信我所看到并展现在一个镜头上的？'"此时发生变化的是电影影像关系的总体。蒙太奇退居次要地位，它不仅让位给众所周知的"镜头一组"，也让位给新的构成和连接的形式。深度表现为"诱骗物"，而影像则表现"无深度表面"的平度，或"浅深度"，就像海洋学的海底高地那样。（人们不再在乎景深，比如这种新电影的大师威尔斯便以广角展现要看的一切，摈弃了旧的景深。）影像不再按切分和剪接的单义性次序相衔接，而是成为超剪切的、在短镜切换中不断更新和改变的、反复连接的客体。影像与主体和演员的关系也发生了变化：身体变得更加庄严，也就是说不再通过动作被领会，而是通过姿态，通过姿态的独特连接而被领会。（您在谈论阿克曼、施特劳伯时，也指出了这一点。您在一段令人印象至深的文字里也谈到，在醉酒的场面中，演员不再像在过去的电影中那样做动作，那样趔趔趄趄，而是相反，做出一种真正酒徒所做出的姿态……）影像与话语、声音、音乐的关系也以音响与视觉基本不对称的方式发生了变化，这种基本不对称赋予眼睛一种识读影像的能力，但也赋予耳朵一种对轻微的声音产生幻觉的能力。最后，这电影的新时代，这影像的新功能，是一种感官教育，这种感官教育代替了支离破碎的"世界百科全书"。这是肯定不想再美化自然、而欲使之最大限度地精神化的观者的电影。当人们由于缺少心灵之眼而连影像上的东西尚且看不出来时，又怎么会想到影像后面（或接下来）要看的东西呢？人们可以看到这种新电影有许多杰作，但这终将是一种引导我们的教育法，是罗西里尼的教育法，是您在《斜坡》中所说的"施特劳伯的教育法""戈达尔的教育法"。而当您将嫉妒者的眼睛和耳朵分析为一种"诗的艺术"，侦察着一切适宜消失或逝去的东西，首先侦察着一个荒岛上的女人时，您在各种的教育法中又添进了安东尼奥尼的教育法。

如果说您遵循着一种评论的传统，那便是巴赞和《电影手册》的传统。您不曾放弃寻找一种电影与思想的深刻联系，您维护了电影评论的诗意和审美的功能（而我们许多同代人认为要保全评论的严肃性，有必要退而转向语言、语言的形式主义）。您坚持了电影第一时期的伟大观念：作为新艺术和新思想的电影。只是在第一代的电影人和评论家的著作中，从爱森斯坦或冈斯（Gance）到艾利·富尔（Elie Faure），这种大众的整体艺术与一种形而上学的乐观主义是不可分割的。相反，战争和战前的形势却迫使一种激进的形而上学的悲观主义确立起来。但是您挽救了岌岌可危的乐观主义。电影不再与一种胜利的和集体的思想联系在一起，而是与一种冒险的、特殊的思想相联系，这种思想仿佛从死里逃生，只是在其"非权力"中才被理解和被保留下来，并勇敢地面对普遍的无价值的粗制滥造。

这时便出现了第三时期，影像的第三种功能，第三种关系。不再是"影像后面有什么要看的？"也不再是"怎样看影像本身？"而是"如何置身其中，如何嵌入其中？"既然一切影像都嵌入其他影像，影像的背景已经是一个影像，空白的眼睛已经是一个无形的镜片。这时您可以说，回环已经闭合，西贝尔贝格已经加入梅里艾斯（Meliès）之列，但是发生在一个已变得无止无休的丧事中和一个已变得无缘无故的挑战中。这种丧事和挑战有什么能使您的评论的乐观主义倒向评论的悲观主义？两个不同的因素在这种影像的新关系下会合：一方面是电影的内部发展，它在探求其新的视听结合和其重大的教育学

（不只是罗西里尼、雷乃、戈达尔、施特劳伯等人，还有西贝尔贝格、杜拉斯、奥里维拉等），这些探索亦可能在电视中找到特殊的活动领域和手段；另一方面是电视本身的发展，它在与电影竞争，它实际在"表现"并"普及"电影。而这两方面无论怎样纠缠不清，都有本质的不同，并不是在同一层面上发挥作用。因为，如果说电影曾一直在电视和视频中为新的审美和思维的功能寻求着一种"中继站"，那么电视则首先承担了一种社会功能，这种社会功能已事先打破了任何中继，占有了视频，用全然不同的权力代替了美与思想的一些可能性。

于是出现了类似第一代的遭遇：正像在法西斯主义和国家操纵中登峰造极的权力使第一代电影变得不可能存在一样，战后监督或控制的新的社会权力有可能扼杀第二代电影。控制是巴勒斯（Burroughs）对现代权力的命名。马布兹本身改变了形象，并在电视中产生作用。这时电影还未自然死亡，尚处于新的探索和创造的初期。但是，电影将会暴死：当影像不总是在基底有一个影像，艺术未达到"与自然竞争"的阶段，而所有影像变成一个影像返回到我，即我的空白的眼睛与"非自然"接触时的影像；被控制的观众进入后台，与影像接触，被嵌入影像之中。最近的调查显示，最受欢迎的场面之一，便是在摄影棚中直接参与节目。这已与美和思想无关，而是在接触技术，触及技术。变焦接触已不再掌握在罗西里尼的手中，而成为电视的普遍手法。切换镜头，艺术正是利用它将自然美化，赋予自然以精神，然后再与自然竞争，如今已成为电视的插入镜头。参观工厂成为节目的主旨（节目是怎样制作的？），丰富知识是最高的审美价值（"这使人知识丰富……"）。世界百科全书和感官教育坍塌了，代之以一种眼睛的职业训练，一个控制者和被控制者的世界，控制者与被控制者在对技术而且只是技术的赞赏中进行着沟通。无形的镜片比比皆是。这时，您评论的乐观主义转向了评论的悲观主义。

您的新作扩展了前者。您谈的是电视与电影在两个不同层面上的较量。尽管您经常对二者进行比较，但是并未将问题局限于电影影像与新影像的抽象比较之中。您的功能主义适时地阻止了您这样做。您知道，电视与其他表达手段有着同样多的潜在审美功能，而电影也在其内部不断遇到与其可能的审美终极目的发生强烈冲突的力量。但是在《电影期刊》（Ciné-Journal）中令我感兴趣的，是您力图确定两种"事实"及其条件。第一个事实是，尽管电视有着重大的企图，而且这种企图往往来自电影人，但它却从未在审美功能中寻求其独特性，而是求之于一种社会功能，一种控制和权力的功能，一种以职业眼光摈弃一切感官经历的中景镜头的统治。结果是，当一种创新出现时，它可以出现在一个令人意想不到的角落里，可以出现在一种特殊的情况下：按照您的说法，即出现在吉斯卡尔（Giscard）发明了空白镜头之时，或者一个卫生纸的品牌复兴了美国喜剧之时。第二个事实则与第一个相反，虽然电影使用了（甚至创造了）它所有的本领，却始终保持着一种审美和思考的功能，即使这种功能是脆弱的或者是不为人理解的。因此，不应该在影像之间做比较，而应该在电影的审美功能和电视的社会功能之间做比较。按照您的说法，这不仅是一种微妙的对立情境中比较，也是一种必须在微妙的对立情境中进行的比较，而且是只有在此情境中才有比较的意义。

还必须确定这种电影审美功能的条件。在这方面，我觉得您说出了一个十分耐人寻味的问题，您问自己：电影评论是做什么的？您以影片《馋鬼》(Les Morfalous)为例。这部影片避开了媒体的一切投射，使评论成为无用的，并要求一种作为"社会协调"的与观众的直接关系。这非常说明问题，因为这种电影根本不需要评论，既不需要评论为它招揽观众，也不需要评论使它完成其总体社会功能。如果说评论还有一种意义的话，那是在这种情况之下：影片表现出一种增补，一种与潜在的观众的差距，以至于暂且需要赢得时间，保存痕迹。"增补"（Supplément）这一概念当然不是简单的，可能来自德里达。您做出自己的解释：增补，的确是影片的审美功能，这种功能是不稳定的，但在某些情况或条件下是可以与艺术和思想略加隔离的。故而您将朗格莱（Langlois）和巴赞配成一个重要的偶对，因为一个"固执己见，指出电影值得加以保存"，另一个同样"固执己见，但是颠倒过来"，指出电影保存了并将保存着一切有价值的东西，电影是一面"特殊的镜子，其后面的涂料将存住影像"。怎么能说如此脆弱的材料保存着什么呢？保存似乎是一种微不足道的功能，它意味着什么呢？保存着的不是材料，而是影像。您指出，电影影像保存了自身，它保存了德莱叶《葛楚》中男人的唯一一次哭泣，它保存下斯约斯特罗姆（Sjöström）或施特劳伯作品中的风——不是那种具有社会功能的狂风，而是那种与摄影机嬉戏的风，它保存下或保留下一切可保存或可保留的东西，比如瓦尔达的《天涯沦落女》或小津安二郎作品中的儿童、空房、法国梧桐，等等。保存，但总是保存得不合时宜，因为电影的时间不是正在流逝的，而是正在延续的和与世同在的。从这个意义上说，保存并不是一件小事，保存即是创造，即是永远创造一种增补之物（美化自然，或者使之精神化）。只有增补之物能够被创造出来，这就是审美或思想的功能，这种功能本身亦是增补。您可以就此写出长篇大论，但是您宁愿谈论非常具体的问题，最大限度地贴近您的评论经验，局限在您所说的这样一个范围内：评论家是"关注"增补之物的人，是展现电影审美功能的人。

为什么不承认电视也具有同样增补的力量或保存的创造力呢？原则上，不应该有任何理由加以否认，只是电视的社会功能（娱乐、信息）淹没了它可能的审美功能。在此状况下，电视即是完善的一致：这是与社会没有任何间距的直接技术，是纯粹的社会技术。专业训练，专业眼光，怎么会让一种作为感官的冒险的增补之物存在呢？如果必须对您精彩的篇章有所选择的话，我就选择这样的一些篇章：您指出"重放"（replay），即时重放，在电视中替代了增补之物或自动保存，事实上两者是相反的；您否认从电影"跨"到交流或者建立从前者到后者的中继站的一切可能性，因为只有当电视具备一种非交流的增补之物、即称为威尔斯式的增补之物时，才有可能建立这样一个中继站；您解释说，电视的专业眼光、观众本身被鼓励使用的技术社会的眼光，产生了一种直接的和充分的、即时可控的和被控的完善。您并未取巧，并未批评电视的不完善，而是批评了它的纯粹的完善。电视找到臻于技术完善的手段，而这种技术的完善与审美和思想的绝对消弥完全吻合（由此产生了作为新节目的现场参观）。在电视能给艺术带来什么这一问题上，伯格曼热情地肯定了您的看法：《达拉斯》（*Dallas*）是毫无价值的，而从社会的、技术的角度看则是完美的。对另一种式样的节目《读书》（*Apostrophes*），也可以作出同样的评价：在文学上（审美和思想上），它毫无价值，但是从技术上讲，它是完美的。说电视没有灵魂，是说它没有增补。评论家看到一切影像都失去了现在、过去和未来，只有正在流逝的瞬间。

电影界已经出现了对信息的最激进的批评，如戈达尔或西贝尔贝格（他们的批评不是只简单表现在他们的宣言中，而是表现在他们具体的著作中）。电影的新的死亡危险来自电视。对这种始终是不平等或失衡的对抗，您认为有必要做进一步深入的"观察"。电影曾在登峰造极的法西斯主义权力的打击下面临第一次死亡。正如电影被广播置于第一次可能死亡的境地那样，为什么电影正在被电视置于第二次可能死亡的境地？因为电视是一种新的"控制"权力形式，它是即时的和直接的。深入到电影与电视对抗的核心，几乎就是探讨控制能否转而服务于与权力相对立的增补功能：创造一种将会作为新的反抗的控制艺术。将斗争推到电影的内部，让电影将这一斗争变成"它的"问题，而不要在外部遇到这一问题，巴勒斯在文学上便是这样做的，他用控制和控制者的观点代替了作者与权威的观点。正如您提到的，这不也是科波拉（Coppola）在电影上所做的尝试吗？尽管这种尝试是不明确而暧昧的，但毕竟是真正的战斗。电影正挣扎着反对企图控制它或替代它本身的系统。您给电影这种抽搐而痉挛的状况起了一个美丽的名字："风格主义"（maniérisme）。您在

《斜坡》一书中已经用风格主义描述影像的第三种状态：后面再没有什么可看的，里面或上面再没有多少可看的，影像总是在一个预先存在的、预先假定的影像上滑动，影像的基底永远是一个影像，该看的就是这些。

这是艺术不再美化自然也不再使之精神化，而只是与之竞争的阶段：这是一种世界的失落，这是世界本身在拍电影，在拍某种电影，而当世界本身在拍某种电影时，正如您所说的，再没有什么发生在人类身上，一切都发生在影像上时，这便构成了电视。人们也可以说自然—身体这一偶对或者景观—人这一偶对让位给了城市—大脑这一偶对：银幕不再是一个落地窗（在其后⋯⋯），也不再是一个镜头框架（在其中⋯⋯），而是一个影像像资料一样在上面滑动的信息表。事实确乎如此。如果世界在拍"它"的电影，而这种电影又被排斥一切增补功能的电视所直接控制和即时处理，那又谈何艺术呢？电影只有停止做电影，而扩展与录像、电子、教学影像的特殊关系，才能创造新的抵抗和反对电视的监视与控制的功能。这不是越过电视——这怎么可能呢？——而是阻止电视背弃或越过电影在新影像上的发展。因为，诚如您所指出的，"电视唯有凭其录像的生成才有机会继承战后的现代电影⋯⋯继承分解和再分解影像的趣味，继承与戏剧的决裂，继承人类主体的另一种感觉以及人类主体周围的音像氛围。但是电视蔑视、贬低和压制录像的生成。应该希望录像艺术的发展也威胁着电视……"正是在此将开始出现城市—大脑的新艺术或与自然竞争的新艺术。这种风格主义可能已经指出许多大路或小道，有的是受到谴责的危险之途，有的是给人以希望的探索之路。在科波拉的作品中，那是一种用录像机"预现影像"的风格主义；也就是说，影像已在摄影机之外制作完毕。而西贝尔贝格则以朴素而简洁的技巧表现出迥然不同的风格，在这种风格主义中，自动装置与正面的投影使影像在诸多影像的基底上变化。这是否是与剪切、特殊效果和电影空间的世界相同的世界呢？剪切若非在顷刻之间即被通俗歌曲的市场、被这个冷酷的脑虚弱的组织、被这种严加控制的癫痫所俘虏（有点像上一代的电影被大肆宣传的歇斯底里的表演所俘虏），剪切或许可以介入西贝尔贝格所主张的"新组合"的探索中，可以显出未来电影新的脑回路的雏形，直至与追梦的企图决裂。而电影空间如果能像巴勒斯所希望的那样给予旅行一种存在的最后理由，能摆脱一个"没有丢掉祈祷书的月球上的好小伙"的控制，能进一步理解迈克尔·斯诺的《中心区》(*La région centrale*) 中的无穷教益，理解他发明了使影像转向影像、使自然转向艺术的最简洁的技术，理解他将电影推向了纯空间，那么，电影空间或许能够介入一种审美和思维的创作之中。如何预断在雷乃、戈达尔、施特劳伯和杜拉斯等人的作品中出现的那些影像—声响—音乐的探索？在身体姿态的风格主义中将产生什么新的戏剧呢？如果人们理解风格主义是何等光怪陆离，特别是它们并无共同的价值尺度，此词只是指进行一种战斗的战场：在此战场上艺术和思想同电影一起跳进一种新的要素之中，而控制的权力已在极力盗走这种要素，据为己有，并用它建造一座新的社会技术的诊所，如果人们理解所有这些，就应该同意您的风格主义的概念是有着极其充分的依据的。风格主义在所有这些相悖的意义上都是电影—电视的痉挛，最坏的和令人抱有希望的并存其中。

您需要"前去观看"。于是，您成了《解放报》的记者，同时也并未断绝与《电影手册》的关系。您成为记者的最大理由之一，便是想要旅行。您写了一系列的调查、报道和游记，以此构成了您新一系列的批评文章。此书之所以成为一本真正的专著，是因为书中一切都围绕着这一痉挛问题，《斜坡》曾经略有些伤感地对此问题做出结论。也许一切关于旅行的思考都不外乎四种看法：其一在菲茨杰拉德的作品中，其二在汤因比的著作中，其三在贝克特的作品中，其四在普鲁斯特的作品中。第一种看法认为，只要怀揣《圣经》、带着童年的回忆和掌握普遍的话语，即使到孤岛或天外，也永不会有真正的"隔绝"。第二种见解是，旅行追求一种理想上的游牧，而这只是一种可笑的愿望，因为游牧者正好相反，是不喜欢挪动、不想离去、眷恋其失去的土地的人。[您自己在谈到范·德·科根（Van der Keuken）的影片时说，去南方，就必然遇到那些想留在原地的人们。] 最为深刻的见解是贝克特的看法："就我所知，我们并不是因为喜欢旅行而旅行，我们很蠢，但还未蠢到这种程度……"那么，除了一种理由之外，还会有什么其他的理由呢？这种理由就是证实，证实某种事物，证实某种出自思想、幻想或噩梦的不可捉摸的事物，哪怕是证实中国人的皮肤是否像人们所说的那么黄，或者证实某地是否确实存在某种不大可能存在的颜色、某种绿光、某种青紫色的大气。普鲁斯特说，真正的幻想者是那种前去证实某种事物的人……您在旅行中前去证实的是，世界是否确实在做电影，在不停地做，而全世界都做起了电影是否就等于在做电视了：这样，旅行就是前去观看城市、观看某一城市属于大众传媒史的那一时刻。您对自我吞噬的圣保罗这一城市—大脑的描述就是如此。您甚至到日本去看轻井泽并证实日本的风是如何吹拂銮旗的。可是那天无风，您只看到可怜兮兮的风车，它们替代了风。而奇迹发生了，这些风车竟给影像带来了那种内在的、不可摧毁的增补，那种意外的神韵，这是那种只能由影像留住的美和思想，因为这种美和思想只能存在于影像之中并由影像创造出来。

这就是说，您的旅行是暧昧的。一方面，您随处看到世界在做自己的电影，而这便是电视的社会功能，控制的巨大功能：您的批评的悲观主义乃至绝望或许出于此。另一方面，您看到整个电影有待去做，而电影便是纯粹的旅行，其他的旅行只在于证实电视的状况：您批评的乐观主义便出于此。在这两条路的交叉处，是一种痉挛，是您的那种循环精神病，是一种晕眩，是一种作为艺术本质但也作为战场的风格主义。有时，事物似乎从一方转换到另一方。因为，从电视到电影，旅行者禁不住要思想，要把属于电影的东西还给电影，要把电影从娱乐和信息中分离出来：这是一种在电视系列中（比如在三个城市或三个网球冠军的电视系列中）将电影解放出来的内爆。在相反的方向上，当您作为批评家转向电影时，是为了更清楚地看到最平展的影像几乎在不知不觉中起皱，起层，形成深度区，迫使您在影像中旅行，而这最终是一种增补和无控制的旅行：瓦依达（Wajda）作品中的三种速度，或者特别是沟口建二的三种运动，您在今村昌平作品中所发现的三种剧情，影片《芬妮和亚历山大》（*Fanny et Alexandre*）中所画出的三个圈——您从中找出三种状态，伯格曼作品中电影的三种功能——美化生活的戏剧，表现精神面貌的反戏剧，魔力竞争的活动。在您书里的分析中为什么出现那么多的"三"？这可能是因为，"三"时而将一切闭合并将"二"转合到"一"上；时而相反，将"二"卷走，使"二"远离单一，将"二"打开，将"二"救出。您下一部著作的主题或许是"三"，是录像，是批判的乐观主义及悲观主义的赌注？战斗本身是那么多种多样，它可以在一切起伏不平的地势上进行，例如在美国电影不断加快的运动速度和苏联电影仍然保持的慢速之间进行。您在一段精彩的文字中说，"美国人将连续动作、速度和逃逸线的研究推进得很远，这种运动使影像失去重量、内容、失重状态的身体……而在欧洲，甚至在苏联，有些人甘冒永被社会抛弃的危险，潜心探索着运动的另一面：慢速和间断。巴拉吉亚诺夫（Paradjanov）、塔可夫斯基以及先前的爱森斯坦、杜辅仁科（Dovjenko）或巴尼特（Barnet）正在看着材料的堆积和梗塞，看着一种基础的、垃圾的和宝藏的地质学在缓慢形成：他们在做着苏联平坦地面的电影……"如果美国人确实利用录像而走得更快（并控制着高速度），那么如何使录像回到逃脱控制、有所保存的慢速度上呢？如何教会录像按照从戈达尔到科波拉的"劝告"走得慢一些呢？

塞尔日·达内（Serge Daney）:《电影日记》序言，电影手册出版社

三、米歇尔·福柯

9　劈开事物，劈开字词

——您在何时、何种情况下认识了米歇尔·福柯？

——较之具体日期，我记得更清楚的是他当时的音容笑貌。我在 1962 年前后认识了他，他当时正在写《雷蒙·鲁塞尔》和《临床医学的诞生》。1968 年后，我加入了他与达尼埃尔·德福尔（Daniel Defert）成立的"监狱信息小组"。我经常见到福柯。有许多回忆突如其来袭上我的心头，交织着往事所唤起的欢乐和他的离去所留下的哀伤。在他生命的最后几年，我竟未再见到他！《认知的意志》之后，他经历了各方面的危机，有政治的、生命的、思想的。像所有伟大的思想家一样，他的思想总是在危机和动荡中得到发展，这危机和动荡是创造的条件，是最终一致性的条件。我有一种印象，觉得他想独自一人走到那除了几个知己无人能够跟随的地方。我需要他，远远胜过他需要我。

——米歇尔·福柯生前写过几篇关于您的文章。您本人也几次写过他。今天，在福柯逝世之后，您出版了《福柯》一书，人们不禁会由此看到某种象征。于是产生了种种假设。人们是否应该将此看成"盖棺论定"呢？这是否是您"为了两人"，对最近来自右翼和左翼的反人道主义的批评的一种回答呢？这是不是表明某一"哲学时代"结束的一种方式呢？或者相反，这是号召人们继续深耕的一种呼唤？或者这些全都不是？

——首先，写这本书对我来说是一种必要。此书与那些论述某些特定概念的文章完全不同。我在书中探索的是福柯的总体思想。总体，就是迫使他从一层面到另一层面的东西：什么迫使他发现了知识下的权力，以及什么迫使他发现了"权力控制外的主体化模式"？一种思想的逻辑，就是此思想所经历的危机的总和，这更像火山的一条山脉，而不那么像一种平静而近乎平衡的系统。若非我觉得人们似乎不甚理解福柯的那些文章，那些深入的研究，那些逻辑，我也会感到有写此书的必要。就是像陈述这样一个概念，我觉得人们似乎也理解得不够具体。但是我并不因此就肯定自己比别人的看法更正确。至于目前的一些异议，它们绝非来自读者，也没有任何价值：那是对福柯的一些回答的批评，批评者对这些回答的理解糊里糊涂，也根本不考虑其假设的问题。对"人之死"这个表述往往如此。这是司空见惯的现象：每当一位大思想家逝世，愚昧的人便感到如释重负，胡言乱语甚嚣尘上。那么本书是否在呼吁人们反对当前倒退的企图，继续努力探索呢？也许是吧，但是已经有了一个福柯中心，聚集着那些在与福柯相近的方向上或按照与他相近的方法进行研究的人们。像埃瓦尔德（Ewald）的新作《国家–天意》（*L'État-providence*），既别出心裁（右翼终于有了新的哲学），又依赖福柯而存在。这不是盖棺论定，盖棺论定之前需要更多的工作。倘若我的书还可以成为别的什么东西，我就要提到福柯经常提到的一个概念：双重。福柯总是被双重所缠绕，包括在双重所特有的相异性之中。我想摘录福柯赋予双重一词的含义："重复、里层、复归、难以察觉的差异、分成两份和注定的撕裂。"

——在 1960—1970 年代，米歇尔·福柯和您本人都曾是思想的导师，特别是对一代大学生来说——尽管你们都不想如此，都竭力避免如此。这是否有时造成了你们之间的竞争呢？福柯／德勒兹的关系——在人际关系、职业和思想上，是否类同于德勒兹／加塔里，萨特／阿隆或者萨特／梅洛–庞蒂呢？

——不是我而是这本书要当福柯的一个重影。我同菲利克斯·加塔里的关系是全然不同的，我们长期共同工作，而我未曾与福柯一起工作过。但是我相信我们彼此的工作有着许多共同点，只是由于方法乃至目标的巨大差异而保持了距离。这些共同点对我尤为珍贵：我们有着共同的事业，这比具有共同的目标更为可贵。我要告诉你，福柯活着，连同他鲜明和那么神秘的人格一起存活于世，他以那么一种风格写出了那么精彩的著作，我对此感到无比欢欣。在一篇绝妙的文章中——那是一篇公开发表的普通谈话，福柯将迷恋与爱情对立起来。正如他所描述的那样，我处于某种对他迷恋的状态（有强烈的时刻，有微弱的时刻，有炽烈的时刻，那是起伏的，是由于某些说不清的原因或者出于惯性而产生的变化无常的瞬间……），既然我佩服他，我又怎么会与他一争高低或妒忌他呢？当我们钦佩某人时，便不再选择，我们可以喜欢某书胜过某书，但毕竟还是取其整体，因为人们知道，那似乎并不怎么重要的时刻对于正在进行实验、进行炼金的另一时刻来说，却是绝对必要的时刻。若非那另一时刻经历了你未能立即理解其必要性的曲折道路，它也就不会做出令你目瞪口呆的新的揭示了。我不喜欢如此议论一部著作的人："至此尚可，但以后就欠佳了，尽管再以后又变得有趣起来……"应该整体地看一部著作，理解它而非评判它，理解它的岔出、踏步、推进、突破，接受它，全面看待它。否则便什么也不会懂。跟随福柯进入他所面对的问题，进入对他十分必要的断裂或迂回，然后再对他的答案进行评判，这是否就是将他视为"思想家-导师"呢？从您的提法上看，这个概念似乎是不言自明的，是确定的。在我看来，这是一个含糊而幼稚的概念。人们追随福柯，人们被他激起热情，是因为人们在各自的研究中，在各自独立的生活中，与他有所关联。这不单纯是一个理解或思想一致的问题，而是一个强度、共鸣、和声的问题。总之，精彩的讲课更像音乐会，不像乏味的说教，那是众人"伴唱"的独唱。福柯讲过一些令人拍案叫绝的课。

——弗朗索瓦·夏特莱（François Châtelet）在其《丢失的观念编年史》一书中提到他同您、加塔里、谢赫和利奥塔的深厚友谊，说你们"心心相印"——这也许是对你们真正默契的表述。对米歇尔·福柯，您能说同样的话吗？你们是心心相印吗？

——我想是的。夏特莱对所有这些怀有一种强烈的感情。心心相印，这也是为同样的事而笑，或是为同样的事而沉默，彼此无须解释。彼此无须解释是令人愉快至极的。也许我们具有一种共同的哲学理念。我们不喜欢抽象。不喜欢一、整体、理智、主体。我们的工作是分析混合状态、组合，以及福柯所说的装置。不应该回溯到一些点上，而应该顺延和厘清一些线：这是一种地图绘制术，它以一种微观分析（福柯称为权力的微观物理学，加塔里称之为欲望的微观政治学）为前提。正是在组合之中发现统一的焦点、整体的纽结、主体的进程，它们总是相对的，总要分散开来以沿着一条活跃的线走得更远。不是寻找失落的或抹掉的原点本身，而是在事物推进的地方将事物拦腰截住：将事物从中间劈开，将字词从中间劈开。不是寻找永恒，即便是时间的永恒，而是寻找新事物的形成或福柯所说的"现实性"的出现。现实或新事物，这也许就是动能（énergeia），其与亚里士多德相近，但是更贴近尼采（尽管他称之为不合时宜）。

——这是否也是一种"表层"的艺术呢？您喜欢瓦雷里（Paul Valéry）的名言："最深的是皮肤……"

——是的，这是一句极其精彩的名言。皮肤科医生应该将此句镌刻在门上。哲学如同皮肤学，或表层的艺术（我曾在《意义的逻辑》一书中力图描述过这些表层）。新的影像使问题重新提出。正是在福柯的著作中，表层主要成为铭写的表层：这是"既不可见又非隐藏的"这句话的主题。考古学就是一种铭写表层的构建。如果你不构建一种铭写的表层，非隐藏的就始终是不可见的。表层并不与深层（回到表层）相对立，而是与解释相对立。福柯的方法始终与解释的方法相对立。永勿解释，只管实验……福柯著作中如此重要的关于折叠和再折叠的主题反映在皮肤上。

——一天，您曾对米歇尔·福柯说："您第一个教给我们一种最基本的东西：无资格代言。"那是1972年，是1968年五月风暴热度未消的年代（关于1968年五月风暴，您在书中说："看到某些分析，就好像它发生在巴黎知识分子的头脑里。"），我相信，在您的思想中，这种不为他人代言的尊严应该属于知识分子。现在，对于那些报纸所说的已变成哑巴的知识分子，您仍会用同样的话给他们定位吗？

——是的，对代表的批评已经很深入的现代哲学弃绝一切代言人的企图，这是很正常的。每当听到"无人能够否认……"，"大家都会承认……"，等等，我们便知道接下来的将是一个谎言，或者是一个口号。即使在1968年之后，也往往如此，例如在关于监狱的电视节目中，人们让所有的人讲话，让法官、守卫、探监者、普通人讲话，让所有的人讲话，就是不让囚犯或者获释的囚犯讲话。如今再这样做就很难了，这是1968年的一个成果，大家各谈各的。这对知识分子也同样适用。福柯说，知识分子已不再具普遍性，只具特殊性，也就是说，不再以普遍价值之名讲话，而是以自己的资格和地位之名讲话。（当物理学家起而反对原子弹时，福柯明确了这种变化。）医生无权以患者之名讲话，但是有责任作为医生对政治、司法、工业、生态等问题讲话，这是团体的需要。这些团体就像1968年运动所希望的那样，是一些比如联合了医生、患者、护士的团体。这是一些多种声音的团体。像福柯和德福尔所组织的监狱信息小组便是这样的团体之一：这就是加塔里所说的"横向性"，这与等级制团体相反，在等级制团体中一个人是以其他人之名讲话的。德福尔曾经组织了一个这样的团体，集接待、信息传递和斗争于一体。那么，为自己讲话而不为他人代言究竟是什么意思呢？当然，这不是各讲各的真理，不是各写各的回忆录，不是各做各的心理分析，不是第一人称。这是为无人称的、物质的和精神的力量命名。这是人们一旦试图达到某种目标而面临并反对的力量。而人们也只有在斗争中才能意识到其目标。在此意义上，存在本身就是政治。我并不试图在本书中代福柯讲话，而是画出一条横线，一条对角线，这条线必定是从他到我（我没有选择），这条线会说出我所理解的他的目标和为之斗争的东西。

——"一道光闪现，这道光将有一个名字：德勒兹。新思想有了可能，思想又重新有了可能。新思想在德勒兹的文章里，在我们面前，在我们中间跳跃、舞动……也许有一天，这个世纪将成为德勒兹的世纪。"这几句话是米歇尔·福柯写的。就我所知，您从未对此加以评论。

——我不知道福柯这几句话的意思，我从未问过他。他有奇怪的幽默。也许他想说，我是当代哲学家中最天真的哲学家。在我们所有人的著作中，人们都看到了诸如多样性、差异、重复这样一些主题。当人们更加深入地进行研究时，我却提出了一些近乎原始的概念。我从不曾被形而上学的超越或哲学的死亡所触动，而对于整体、一、主体的舍弃，我也从未看得那么严重。我并未与那种直接或间接展现概念的经验主义绝断。我没有经由结构、语言学、精神分析、科学乃至历史，因为我认为哲学有其原始材料，这些材料可以使之进入外界关系中，进入尤为必要的与其他学科的关系中。福柯可能想说，我不是最优秀的，却是最天真的，或可说我类似一种原始艺术，不是最深刻的，却是最清白的（最没有"做哲学"的罪恶感）。

——不可能在此详列福柯哲学与您的哲学的交汇点（从反黑格尔主义到微观物理学或微观逻辑学的许多交汇点）和分歧点。人们已写了这方面的一些文章，无疑正在进行有关研究。这里请允许我只取其大略。有一次您曾在这个专栏上说，哲学的特殊任务就是创造概念。福柯所创造的哪个概念对您的哲学研究最有用？哪个概念最不相干？反过来说，在您看来，福柯的哪些基本概念可能是出自您的哲学？

——或许《差异与重复》能对他产生一些影响，但是他以前在《雷蒙·鲁塞尔》中已经对这些主题做过精辟的分析。也许在他对"装置"的分析中，加塔里和我提出的组装的概念对他有所帮助。但是他对他所接触的一切都大大加以改变。像他所提出的陈述（énoncé）概念，曾使我十分震惊，因为它包含着一种足以更新语言学的语言实用主义。这也令人感到好奇，像巴特和福柯这样的哲学家越来越多地强调普遍化的实用主义，前者偏向伊壁鸠鲁学说，后者偏向斯多葛主义。再有，他的力量关系的概念超出了简单的暴力，这来自尼采，但是他将此概念延伸，并且比尼采走得更远。在福柯的所有著作中，都有一种形式与力量的关系，这种关系影响着我，而且对他的政治学理解乃至认识论理解和美学理解都至为重要。有时他的"小"概念也会产生巨大的反响：无耻者的概念堪与尼采的最卑劣者的概念相媲美，这一概念也反映出一种哲学分析可以有趣到何种程度。《无耻者的一生》这篇评论文章是一篇杰作。我喜欢回到这篇文章上，就福柯而言，这无疑是一篇次要文章，然而它内涵无穷，生动活泼，卓有成效，从中可以感到他思想的效力。

——人们，特别是在意大利，经常谈到"尼采复兴"，福柯和您本人为此怕是负有责任……差异与虚无主义（"积极"的虚无主义及其"肯定的"价值重估）的问题与"尼采复兴"直接相关。另外，人们还可以探讨"您的"尼采和福柯的尼采有何差异与相似。不过我只问您：为什么福柯"人之死"这一非常尼采式的说法引起了如此多的误会，以至于有人责难他轻视人及其权利，并很少说他具有哲学乐观主义或者对生命的力量具有信心，而人们却常说这两者构成了您的哲学特点。

——误会往往是仇恨和愚昧的反映。有些人只有在发现了一个伟大思想家的一些"矛盾"时才觉得自己聪明。一些人的反应，就像福柯宣布了现存人的死亡（他们说："这太过分了！"），或者相反，就像福柯只是指明了人的概念发生了一种变化。（他们说："不过如此。"）但是这既非前者也非后者。

它是一种力量关系和从中产生的控制形式。假设有人的力量、想象、设想、欲求，等等：这些力量在某一阶段与何种其他力量建立关系？构成何种形式？有可能人的力量进入一种不是人的而是动物或神的形式的构成之中。例如，在古典时代，人的力量与无限的力量、"无限的秩序"建立了联系，以至于人按上帝的形象形成，人的有限性只是一种对无限的限定。19世纪出现了一种人类形式，因为人的力量与在生活、劳动、语言中所发现的其他限定力量组合在一起。而现在人们常说人正面对新的力量：硅而不单纯是碳，宇宙而不单纯是世界……为什么所构成的形式仍将是人？人的权利？但是，正如埃瓦尔德所指出的，正是权利的转变本身表现了这种形式的变化。福柯重提人之死问题，与尼采相合。如果人曾经是一种束缚生命的方式，生命不正需要以另一种形式从人自身中解脱出来？对此，你一定在想，我是否在把福柯拉向一种生机论，而生机论（vitalisme）从未在福柯的著作中出现过。我认为，至少在两个基本点上，有一种福柯的生机论，它独立于一切"乐观主义"。一方面，力量关系表现在一条生死线上，这条线不断地自我折叠和自我敞开。福柯之所以将比沙（Bichat）视为伟大的作者，也许正是因为比沙写了第一部关于死亡的现代巨著，他将不完全的死亡复数化，将死亡变为一种与生命共存的力量：这就是福柯所说的"在死亡主义背景上的生命主义"。另一方面，当福柯到达"主体化"的最终主题时，"主体化"最重要的就在于创造生命的新的可能性，即如尼采所说，构成生命的真正风格：一种在审美背景下的生机论。

——人们不奇怪您在书中将那么多的篇幅用于福柯对权力的分析。您特别强调《规训与惩罚》中所出现的曲线图的概念，曲线图已不再是《知识考古学》的档案，而是地图，是地图绘制术，是构成权力的力量关系的展示。然而，在德雷弗斯（Dreyfus）和拉比诺（Rabinow）的著作《米歇尔·福柯，哲学的历程》附录——您经常提到的一篇出色的文章——之中，福柯曾写道，他研究的总主题并不是权力，而是主体，是人类主体化的方式。作为地图绘制者的福柯本会绘制出您所说的那种"不是表明同一性而是归属感的"身份证吗？换言之，理解福柯，就是理解从《规训与惩罚》到《自我的关心》和"我是谁"问题的过渡吗？

——可是福柯的哲学毕竟还很难说就是一种主体哲学。至多可以说，当福柯发现作为第三维的主体性时，他的哲学"或许是关于主体的哲学"。这是因为，他的思想是由按照需要而相继开辟和探索过的诸方面所构成的，一些并不包括在另一些之中。这如同一条折线，其不同走向反映出难以预见的、出乎意料的事件（福柯总使读者"感到意外"）。权力已经给知识的维度画出一个不可缩减的第二维，尽管两者构成了一些无法具体分割的混合体；但是知识是由形式构成的，是可见的，可言的，总之，是档案，而权力是由力量、力量关系构成的，是曲线图。他为什么从知识过渡到权力，这是可以说清的，条件是要看到他并未像从一个总主题过渡到另一个总主题那样从知识过渡到权力，他是从由知识创造的初始概念过渡到由权力创造的新概念。对"主体"来说，更是如此：他沉默了几年才在其最后的一些著作中达到这个第三维度。您说得对，应该理解的是这个过渡。福柯之所以需要一个第三维度，是因为他觉得自己被禁锢在权力关系中，路线终结了或者是无法"越过"这条线，他没有一条逃逸线。这是他在《无耻者的一生》中用精妙的语句所述说的。他枉然地求助于一些抵抗策源地（foyer de résistance），但是这些策源地来自何方呢？他用了很长时间才找到解决的办法，事实上是要创造出解决的办法。那么，能说这个新的维度是主体的维度吗？福柯不将主体一词用作人称，也不用作身份形式，但是将"主体化"当作过程，将"自我"当作关系（与自我的关系）。这是什么呢？这是力量与自我的关系（而权力是力量与其他力量的关系），这是力量的"折叠"。按照力量线的折叠方式，这是存在方式的构成，或生命可能性的创造；生命可能性同样与死亡、与我们和死亡的关系相关：存在并非作为主体，而是作为艺术的作品。这是根据可选择的规则创造存在的方式，这些方式能够抵抗权力，正如能够躲避知识，尽管知识企图钻入这些方式之中，而权力企图将这些方式据为己有。但是，存在的方式或生命的可能性在不断进行再创造，重新出现，而虽然此维度的确是希腊人所发明的，我们在探寻今天正在出现什么时，在探寻对知识和权力来说我们不可缩减的艺术家-意志是什么时，我们并没有回到希腊人那里。在福柯的著作中，没有对希腊人的回归，更没有对主体的回归。认为福柯重又发现，重又找到他最初所否定的主体性，是一个误会，是一个与对"人之死"的理解同样大的误会。我甚至认为主体化与一个主体很少关联。更主要涉及的是一个电场或电磁场，一个通过（高低皆可的）强度发生作用的个体化，一些个体化的而不是人称或身份的场。这就是福柯在另一些场合所称的激情（passion）。福柯这种主体化的思想同他的权力和知识的思想同样独特，这三者构成了一种生活的方式，一种三维的奇怪形象，也构成了最伟大的现代哲学（这是一个并无幽默成分的宣言）。

《解放报》，1986 年 9 月 2—3 日与罗贝尔·马焦里的访谈

10　生命作为艺术品

I .

——您对福柯的著作已经做了很多评论。为什么在他逝世两年之后您又写了这本书[1]？

——出于我认为的必要性，出于我对他的钦佩，对他离去的感伤，对他中断了的事业的遗憾。是的，我曾就一些特定问题（陈述、权力等）写过一些文章。但是在这本书里，我在探寻思想的逻辑，我觉得那是最伟大的现代哲学之一。一种思想的逻辑，不是一种平衡的理性系统。同语言学家相反，对福柯来说，即便语言也似乎远非一种平衡的体系。一种思想的逻辑，如同一种在背后吹动我们的风，一系列的狂风和震动。按照莱布尼茨的说法，人们以为自己是在港口里，

1　指《福柯》一书。——译注

实际却被抛入汪洋大海之中。这正是福柯的情况。他的思想维度不断扩大，而任何这样的维度都不包括在先前的维度中。那么，是什么迫使他投向某一方向，画出某一总是出人意料的道路呢？没有任何伟大的思想家不经历危机，这些危机标示出他们的思想时刻。

Ⅱ.

——您将他首先视为哲学家，而许多人却强调他的历史研究。

——历史是其方法的一部分，这是肯定的。但是福柯从未成为历史学家。福柯是创造另一种历史关系的哲学家，这种关系与各种历史哲学的关系全然不同。福柯认为历史将我们禁锢和限制起来，历史不说我们是什么，而说我们正在与什么有所不同，历史不建立同一性，而是驱散同一性，以便我们成为另一种人。为此，福柯研究了近来的短暂历史（18世纪与19世纪之间）。而虽然他在其晚期的一些著作中也研究了自希腊人和基督徒以来的一个长期系列，那却是为了找到在哪些方面我们不是希腊人，不是基督徒，而成为其他人。总之，历史是将我们与我们自身分离的东西，是我们要考虑自身而必须跨越和穿越的东西。正如保罗·维尼（Paul Veyne）所说，与时间和永恒相对立的，是我们的现实性。福柯是当代哲学家中最现实的人，是最彻底与 19 世纪决裂的人（因此，他适宜思考 19 世纪）。现实性，这是福柯感兴趣的概念，也是尼采所说的那些非现实的或不合时宜的东西，这是非现实的东西，是作为思想行动的哲学。

Ⅲ.

——正是在此意义上，您可以说，对福柯至关重要的，就是如下这个问题：什么是思想？

——是的，他说，思想如同危险的行为。福柯肯定可以和海德格尔相提并论，他们同为最深刻地创新了思想形象的人，只是福柯的方式与海德格尔全然不同。按照福柯哲学的层次和领域，这一形象有几个层面。思想首先是看和说，但条件是眼睛不是停留在物上，而是上升到"可见性"上；语言不是停留在词或句子上，而是提高到陈述上。这是作为档案的思想。其次，思想是能力，即力量之间的张力，条件是要理解，力量的关系并不归结为暴力，而是构建在行动基础之上的效用（action），即行为（acte），如"激发，促使，转移，变易或变难，扩大或限制，变得更可能或较少可能……"这是作为战略的思想。最后，在其最后的著作中，人们发现了一种作为"主体化进程"的思想：将它视为对主体的回归是十分愚蠢的，这是存在方式的构建，或像尼采所说的生命新可能性的创造。存在不是作为主体，而是作为艺术作品，这最后的阶段即是艺术家-思想（pensée-artiste）。显然，关键是证明人们如何必须从这些限定过渡到另一种限定：这些过渡并不是现成的，它们与福柯画出的道路相合，与他所攀上的而在他之前并不存在的台阶相合，与他所造成的并感受到的震荡相合。

Ⅳ.

——让我们按顺序看一看这些台阶。"档案"是什么呢？您是说对福柯来说档案即是"视听化的"吗？

——它是考古学、谱系学，也是地质学。考古学并不一定就与过去有关，有一种现时考古学，它从某种角度上说总是现在时。考古学，就是档案，就是两部分的档案：视-听。这是语法课和自然课。但这并不是词与物（福柯只是调侃地以此命名他的著作）。应该从物中提炼可见性。而某一时期的可见性，就是光的机制，就是闪耀，就是反光，就是光与物接触时的闪光。同样，也应该从词或句子中提炼陈述。某一时期的陈述，就是语言的机制，就是必然具有的变化，语言通过这些变化不断地从一个均匀的系统跳到另一个系统（语言总是处于不平衡状态）。福柯的历史原则是：一切历史的形成都说出它所能说出的一切，都看到它所能看到的一切。例如18世纪的疯狂：在何种光线下，它可以被看到，用何种陈述，它可以被说出。又例如现在的我们：我们现在能够说出什么，能够看到什么？哲学家们通常有着他们非意愿人格，即第三人称的哲学。福柯所遇到的，令其有所触动的，乃是眼睛、声音，以及两者间的垂直高度。从词语中迸出闪光、闪耀、陈述，甚至福柯的笑也是一种陈述。在可看与可说之间有一个间隔，而两者被隔离、被一种不可缩减的距离分隔，这仅仅意味着：求助于相应或相一致是解决不了知识的问题的。应该在其他的地方寻找使两者互交或交织的理由。这犹如档案被一条巨大的缝隙所贯穿，这条缝隙一方面建立了可见的形式，另一方面建立了可说的形式，这两种形式都是不可减少的。在这两种形式之外，在另一个维度里，有一条线将两种形式连缀或连接在一起。

V.

——这些是否与莫里斯·布朗肖有某些相似，甚至受其影响呢？

——福柯一直承认自己受益于布朗肖。这可能在三个方面上。首先，"说，不是看……"，这种区别使得人们在说不能看到的东西时，将语言推到其极端，推升到不可描述这一潜能上。其次是第三人称，"它"或"他""人们"同第一、二人称相比所处的优先地位，是对一切语言人格学的摒弃。最后是外部（dehors）的主题：同外部的关系和"非关系"，这个外部比任何外在世界都更远，由此而甚至于比任何内在世界都更近。这并不是削弱与布朗肖相遇的重要性，如果人们注意到福柯将这些主题独立发展到何种程度。"看-说"的分离在关于雷蒙·鲁塞尔的著作和关于勒内·马格利特的文章中达到顶峰，它将带来可见和可说的新地位："人们说"将激活陈述理论；近与远在外部这条线上的转换，作为生与死的试验，将带来福柯独特的思考行为，带来折叠（与海德格尔迥异），并终将成为主体化过程的基础。

VI.

——在对知识的归档或分析之后，福柯发现了权力，随后又发现了主体性，在权力与知识之间、权力与主体性之间有什么关系？

——权力是在各种知识形式中间或下面穿过的那个非形式化的要素。这就是为什么它被称为微观物理学。权力是力量，是各种力量关系，与形式无关。福柯的力量关系的概念，延伸了尼采的这一概念，是福柯思想的最重要点之一。这是不同于知识维度的另一个维度，尽管知识与权力构成了事实上密不可分的混合体。但是全部问题在于：为什么福柯还需要另一个维度，为什么他要发现既区别于知识又区别于权力的主体性？于是有人说：福柯回归了主体，他重新发现了他曾否认过的主体概念。完全不是如此。他的思想确实经历了一种危机，在各个方面，但这是一种创造性的危机而非一种悔悟性的危机。在《认知的意志》之后，福柯越来越感觉到他被禁锢在权力的关系之中。他枉然求助于对权力策源地的抵抗上，这些抵抗从何而来呢？福柯问自己：如何越过这条线，如何超越这些力量的关系？或许人们注定要面对权力，或是掌握它，或是承受它？这些都反映在福柯最激烈也最有趣的那篇关于"无耻者"的文章中。福柯用了很长时间才做出回答。越过力量线，超越权力，就如同将力量折起来，使它自我作用，而非作用在其他力量上：按福柯的说法，这是一个"褶子"，一个与自身的力量关系。这是将力量关系"对折"，这是一种与自身的关系，它可以使我们抗拒、躲避、用生或死反对权力。按福柯的说法，这就是希腊人所创造的东西。这不再像是权力中那样的特定形式，这是产生出像艺术作品那样的生存的非强制性的规则，这些既是伦理的也是审美的规则构成了生存的方式或生命的风格（自杀亦是其一部分）。这就是尼采所发现的作为艺术家行动的东西，就是"生命可能性"的创造。出于各种原因，人们避免谈到对主体的回归：这是因为这些主体化的进程因时期而变化，按迥异的规则而形成。由于每次权力都在不断地补偿这些进程并将它们置于力量关系之下，这些进程便更加变化多端，哪怕为此而再生，为此而创造新的方式，以致无止无休。因此，这也不是回归希腊人。一个主体化的进程，即一种生存方式的产生，不能与一个主体混在一起，除非去掉主体的一切内在性，甚至一切同一性。主体化甚至与"人格"也毫无关系：这是一个个人的或集体的个体化，是一个表明事件特征的（一天的某一时刻，一条河，一阵风，一个生命……）个体化。这是一个强度模式而非人格的主体。这是一个特别的维度，没有它，人们既不能超越知识，也不能抵抗权力。福柯分析了希腊人和基督徒的生存方式，它们如何进入知识，如何与权力妥协。但是它们本身则是另一种性质。例如，作为牧领权力的教会不断地欲图征服基督徒的生存方式，但是基督徒不断地对教会的权力提出质疑，即使在宗教改革前也是如此。按照福柯的方法，最令他感兴趣的，不是回归希腊人，而是回归今天的我们。我们的生存方式、我们的生命可能性或我们的主体化进程是什么样的？我们是否有构建"自我"的方法？并像尼采所说，以足够"艺术家"的方式，超越知识和权力？既然在某种方式上是生命和死亡在参与其中，我们是否能够构建"自我"呢？

Ⅶ.

——福柯此前曾发展了人之死的主题，从而引起轰动。这是否与创造性的人之生的思想相容？

——人之死的问题比主体的问题更为严重，在这个问题上对福柯思想的误解更多。而误解从来不是无辜的，这是愚蠢与恶意的混合物，人们宁愿在一个思想家的身上找到矛盾而不愿去理解他。于是他们说：既然福柯不相信人，不相信人权，他又如何能够进行政治斗争呢？事实上，人之死是一个非常简单而严格的主题，福柯取之于尼采，但是以极其独特的方式进行了发展。这是形式和力量的问题。一些力量总是与另一些力量有关。那么个人的力量（例如，理解力、意志力……）与其他的什么力量建立了关系呢？其所合成的东西又是什么形式呢？在《词与物》中，福柯指出人在古典时代并未想成为现在的这种样子，而是想成为上帝的形象，这恰恰是因为人的力量与无限的力量组合在一起。在 19 世纪则相反，人的力量面对被限定为生命、生产、语言这样的一些力量，致使所组合的东西成为一种形式–人（forme-Homme）。正如这种形式以前并不存在，它也没有任何理由存在下去，如果人的力量与新的力量建立了关系，所组合的东西将是一种新的形式，既非上帝的，也非人的。例如，19 世纪的人面对生命，与作为生命力量的碳的力量组合在一起。但是，当人的力量与硅的力量组合在一起时，又将发生什么情况呢？又将诞生何种新的形式呢？在福柯之前有两个先行者：尼采和兰波。福柯加进了他的精辟说法：我们将与生命、语言有何种新的关系？与权力的新斗争将是什么样的？当他谈到主体化的样式时，那是他继续探讨这同一问题的一种方式。

VIII.

——在您所说的"生存方式"和福柯所说的"生命风格"之中，有一种生命的审美，您提到那是作为艺术品的生命。但是其中也有一种伦理！

——是的，生存方式或生命风格的构成不仅是审美的，也是福柯所称之为伦理的，这与道德相对立。两者区别在于此：道德表现为一套特定类型的强制规则，这些规则将把行动和意图与超验性的价值建立起关系而对其做出评判（这很好，这不好……）；伦理则是一套非强制性的规则，这些规则按照我们的所言、我们的所为所导致的生存方式来评价我们的言行。人们这样说，人们那样做：这导致何种生存方式？由于人们灵魂卑劣、仇恨生命或报复生命，有些事是不能说或不能做的。有时候，一个手势或一个词已足够。这就是生命的风格。它永远是暗含的，它使我们构成了这样或那样的人。这早已是斯宾诺莎关于"样式"（mode）的思想。而下面的问题不是从一开始就出现在福柯的哲学中了吗？我们"能够"看到什么，"能够"说出什么（在陈述的意义上）？但是，如果说这里有一个伦理，这也是审美的问题。在一个伟大作者的著作中，风格也永远是一个生命的风格，不是某种人格的东西，而是一种生命可能性的创造，一种生存方式的创造。有人说哲学家没有风格，或是文笔不好，这实在奇怪。一定是这些人不读哲学家的作品。就拿法国来说吧，笛卡尔、马勒布朗士、德·比朗、柏格森，乃至奥古斯特·孔德，都是文笔出众的大家。福柯也在这些大家之列，他是一个文笔出众的人。在他的著作中，概念具有节奏，或者具有对位的价值，比如他用与自己的新奇对话来结束自己的著作。他的句法闪出可见的反光和亮光，也像皮条一样弯曲、对折和再对折，或按照陈述的节拍发出啪啪的声响。在他最后的著作中，这种风格趋于平淡，追求一种越来越简洁、越来越纯粹的线条。

1986 年 8 月 23 日《新观察家》(*Le Nouvel Observateur*)，与迪迪埃·埃里蓬的谈话

11 福柯的肖像

——您是如何想写这部著作的？是向米歇尔·福柯致敬？您认为他的思想未被正确理解？您在分析您与他的相似和不同之处，以及您受益于他的东西？还是您想描绘一幅福柯的精神肖像？

——我感到非常需要写此书。当我们所敬爱、所钦佩的人离去时，我们有时感到需要为他画一张像。不是为了颂扬他，更不是为了维护他，也不是为了纪念他，而是为了绘出一幅只能随其死亡而至的最终的肖像，那是一种相像的画像，观者会说："那是他。"这是一个面具，或如他自己所说，是一个复本，一个替身。每个人都可以按自己的方式画出这个复本或这个替身。然而，他变得与我们大家如此不同，最终是他自己与自己相似。问题并不在于我所认为的与他相同或不同之点。我与他相同的东西必定是非形式化的，就像是一个可以使我与他谈话的基础。对我来说，他始终是当前最伟大的思想家。人们可以像绘制出一个人的肖像一样绘制出一种思想的肖像。我想绘出他的哲学肖像。线或线条必然出自我，但是只有在他出现其中时，肖像才算成功。

——您在《对话》（*Dialogues*）中写道："我可以谈论福柯，诉说他对我说了这个或那个，像我见到他那样地详细描述他。但是这一文不值，只要我没有真正看到和听到所有那些顿挫的声音、决定性的手势、干柴烈火般的思想、极端的专注和突然的终止、即使在令人感到温柔时亦令人感到危险的大笑和微笑……"在福柯的思想中，是否有某种"危险的"东西能解释何以他的思想仍在激起人们的热情？

——危险的东西，是的，因为有着一种福柯的激烈。他有着一种克制、控制、已变为勇气的激烈。在某些游行中，他因情绪激烈而颤抖。他觉察到不可容忍的东西。这也许是他和热内（Genet）的一个共同点。他是一个有激情的人，他赋予"激情"一词极其明确的含义。人们只能认为他的死亡是一个暴烈的死亡，死亡中断了他的事业。至少直到他在其中获得某种安详的最后著作为止，他的风格就如同鞭子一样，那是皮条，有折曲，有伸展。保罗·维尼将他画成一个战士。福柯总是扬起战斗的烟尘或声响，而思想本身在他看来如同一部战争机器。只要人们刚向思考之物的外部迈出一步，刚到可知之物和可靠之物的外部去探险，刚需要为未知领域创造新的概念、方法和道德，按福柯的说法，思想便成为一种"危险的行为"，一种首先是对自己的暴力。人们对你提出的反对乃至对你提出的问题总是来自岸边，这就像是对你抛去的污泥，但是这与其说是为了打昏你或阻止你前进，毋宁说是为了帮助你：反对总是来自平庸和懒惰，福柯对此比对其他任何东西都有更深的了解。梅尔维尔（Melville）说："如果我们为了辩论的需要而说他疯了，我更喜欢当疯子而不当理智的人……我喜欢一切下沉的人。任何一种鱼都可以浮近水面，而只有大鲸鱼才能下沉到 5 海里或更深的地方……自古以来，思想的下沉者总是双眼充血地回到水面。"人们很愿意承认高难的体育动作有危险，而思想也是一种高难动作。人们一思想，便必然面对一条事关生与死、理智与疯狂的线，这条线将你卷入。人们只能在这条艰难的线上思想，而人们并不一定就是失败者，并不一定就被判定为疯狂或死亡。福柯一直被这种反转、这种在死亡或疯狂中时远时近的翻转所吸引。

——《古典时代疯狂史》已经包含了一切，或是还有一些相继的推进，一些危机，一些方向变化？

——疯狂的问题贯穿福柯的全部著作。他无疑对《疯狂史》还过分相信"疯狂的经验"有所不满。较之一种现象学，他更喜欢一种认识论。在认识论中，疯狂被包容在因历史形式不同而不同的一种"知识"之中。福柯一直是这样利用历史的，他从中看到一种可以不成为疯子的方法。但是思想的经验是与这条穿过不同知识图形的折线密不可分的。疯狂的思想不是一种疯狂的经验，而是一种思想的经验，它只是在崩溃中变为疯狂。这样说，是否《疯狂史》已经基本包含了一切呢？例如，是否包含了福柯提出的话语、知识、权力的概念呢？当然不是。伟大的作者常有意外的经历：人们为某本书而祝贺某作者，人们赞赏此书，但是作者并不满意，因为他知道这距他所要的、所追求的还多么遥远，他只是有了一种模糊的想法。因此，伟大的作者们没有把那么多的时间浪费在论战、反驳和讨论上。我认为福柯的思想不是一种演进的思想，而是一种充满危机的思想。我不相信一个思想家能够不经历危机，思想家太容易发生地震了。莱布尼茨有一段妙语："在确立了这些学说之后，我以为自己进入了港口，但是当我思考灵魂与身体的统一时，我就好像被抛入汪洋大海之中。"甚至就是这种折曲线，这种改变方向、重归大海的本领，这种发现、发明的本领，赋予思想家一种高超的严密性，《疯狂史》无疑是一种危机的产物。他以此为起点发展了知识的整个概念，达到了《知识考古学》（1969）即陈述的理论，但是又陷入了新的危机，即1968年运动的危机。这是福柯充满力量、欢腾、创造和快乐的一个重大时期：《规训与惩罚》带有明显的印记，他正是在这本书中从知识过渡到权力。他深入这个他先前曾指出、标出但未加探索的领域。是的，这里有激进化：1968年将所有发生即无所不在的权力关系暴露无遗。福柯先前曾特别分析了形式，现在他过渡到作为形式基础的力量关系。他跳进了非形式之中，跳进了一种他自己称之为"微观物理学"的要素之中。这一直发展到《认知的意志》。而在这本书之后，是否又是另外一个危机，非常不同，非常内在，可能更抑郁，更隐秘，有走投无路之感？这其中有许多原因，我们也许将对此进行探讨，但是我觉得福柯希望人们让他安静一下，独自一人，保留某种内心的秘密，甚至远远离去，到达一个隔绝点。我只是说我有此感觉，也许根本不是这样。

表面上，他在继续研究性史，然而却是在完全不同的另一条线上。当他着眼于短期历史层（18—19世纪）时，他发现了一些长期历史层（自希腊时代）；他按照他所说的诸多主体化方式改变了他的全部研究方向。这完全不是回归主体，而是一种新的创造，一种决裂线，一种研究先前的知识和权力关系发生变化的勘察。如果愿意，也可以说这是一种新的激进化。甚至他的文风也变了，放弃了闪耀和光泽，找到了一种越来越朴素、越来越简洁、几乎是平缓的线条。这一切都不单纯是理论的问题，思想从来都不是理论问题。这是生命的问题。这是生命本身。这是福柯脱离这一新危机的方法：他画出可以使他脱离危机的线，引进知识和权力的新的关系，即使为此他必须死亡。这看起来很愚蠢：并不是对主体化的发现使他死亡。有一种最基本的东西贯穿福柯的著作：他总是谈论（短期的或最终长期的）历史层，但总是与今天的我们相联系。他无须在其著作中挑明这一点，这本该是显而易见的。他在报纸上的谈话更明确地说出了这一点。因此，他的谈话完全是他的著作的一部分。《规训与惩罚》提到 18 世纪和 19 世纪的监狱，但与今天的监狱、与 1968 年后福柯和德费尔的信息小组是密不可分的。他对历史的各种层感兴趣，只是因为它们指明我们来自何方，是什么在禁锢着我们，我们为了找到一种表现我们的新关系而正在与什么决裂。真正令他感兴趣的，是今天我们与疯狂的关系，我们与惩罚的关系，我们与权力、与性的关系。这不是希腊人，而是我们与主体化的关系，是我们构成主体的方式。思想永远是体验，不是解释，而是体验，而体验永远是现实，是出生，是新，是正在做的东西。历史不是体验，只是使某种逃避历史的事物的体验成为可能的近乎否定的条件的总和。没有历史，体验将永是不确定的，无条件的，但体验不是历史，而是哲学。福柯是20世纪最全面的哲学家，无疑也是唯一这样的哲学家：他完全脱离了19世纪，这也就是为什么他能把19世纪讲得如此之好。在这个意义上，福柯将他的生命置于思想之中：同权力的关系，再就是同自我的关系，这一切是生存或死亡的问题，是疯狂或新的理性问题。对福柯来说，主体化不是向主体的理论回归，而是对另一种生命方式、对一种新风格的实际探寻。这种探寻不是发生在头脑里，那么今天，集体或个人以及自我生存新方式的种子出现在什么地方呢？是否有这样的种子呢？这当然应该询问希腊人，不过这只是因为在福柯看来，他们创造了这种概念，这种生命方式的实践……曾有过一种希腊的经验，一些基督徒的经验……但是既非希腊人，也非基督徒能为今天的我们做出探索。

——在福柯的思想中一切都那么富有悲剧性吗？他的思想是否也渗透着幽默呢？

——在一切伟大的著作中都能看到幽默的或诙谐的层面，这一层面与其他层面同在，不仅与严肃而且与残忍同在。福柯的著作中有一种普遍的诙谐，这不仅仅是那些构成《规训与惩罚》的诙谐篇章对惩罚的打趣，而且是对事物的打趣，是词语的诙谐。在其生活和著作中，福柯笑口常开。他特别喜欢鲁塞尔和布里塞（Brisset）。他们在 19 世纪末创造了一些遣词造句的怪异"方法"。福柯关于鲁塞尔的著作（1963）就已经用诗意而诙谐的笔法写出他在《知识考古学》（1969）中创造的陈述理论。他用两个几乎相同的句子表达两种风马牛不相及的含义（"老劫匪帮"和"旧台球桌边缘"），唤起一些视觉情景或奇特的景象，使这样的一个句子与另一个句子相接，或相叠合。布里塞则用另外的手段，用一种变得疯狂的词源字，唤起与词的分解相应的景象。福柯已从中汲取了整个一种可见与可陈述关系的概念。读者感触最深的是福柯似乎重新回到与海德格尔或梅洛-庞蒂相近的主题："目光外的可见性……眼睛使事物通过其存在而被看到……"他虽未明说，但好像在鲁塞尔的作品中找到了一个海德格尔的先行者。在海德格尔的著作中确实有一种近乎疯狂的词源学的方法。我很喜欢福柯关于鲁塞尔的篇章，因为我仿佛觉得海德格尔在某些方面与另一个和鲁塞尔相近的作者雅里（Jarry）有某些相似之处。从海德格尔转移到鲁塞尔（或雅里）有何用意呢？福柯为的是用来彻底转变那种通过"方法"所表现的可见与可说的关系：这里没有协调和同源，而是有着所见和所说之间的永久斗争，有着相搏、角斗、被捕俘，因为人们永不说其所见，永不见其所说。可见在两个句子之间出现，正如可说在两个事物之间出现。意向性让位给一种戏剧，一系列可见与可说的游戏。一方劈开另一方。福柯对现象学的批评见于《雷蒙·鲁塞尔》一书，无须他特意明说。

再有，在福柯的著作中，如同在布朗肖的著作中，广泛使用了"人们"这第三人称，这是应该分析的。人们说，人们看，人们死亡。是的，有一些主体：这是在可见的灰尘中跳舞的颗粒，是在一种无人称的喃喃低语中活动的空场。主体永远是一种衍生物。它在所见、所说的深度中生灭。福柯从"无耻者"中找到一种有趣的概念，一种充满审慎的快乐的概念。这与乔治·巴塔耶相反，福柯并不是用过分的坏，而是在词源学上用普通的人，用被社会新闻突然曝光的什么人，用邻人的抱怨，用警察局、司法部门的传唤，等等，来描述一个无耻的人……这是面对权力、被责令讲话和暴露自己的人。较之卡夫卡，他更接近契诃夫。契诃夫的作品中有一篇关于小保姆的小说，她掐死了婴儿，因为她整夜整夜被吵得不能入睡；还有一篇关于农民的小说，他被送上法庭，因为他拆下铁轨用来压自己的钓鱼竿。无耻者是此在（Dasein）。无耻者是一个从光束中取出的粒子和一个声波。可能"荣誉"也并不是另一个样子：被权力所抓住，被责令我们表现和说话的权力机构所抓住。有一个时期，福柯很难忍受出名之苦：无论他说什么，人们都期待着称赞他或批评他，却没人试图理解他。怎样才能赢得不受期待？不受期待是工作的条件。做一个无耻的人，这简直可以说是福柯的梦想，他那滑稽的梦想。他笑问自己：我是一个无耻的人吗？《无耻者的一生》是一篇杰作。

——您同意这篇文章表达了一种危机吗？

——是的，完全如此，这篇文章有几个层面。事实是福柯在写《认知的意志》（1976）之后的八年中再未出版新书：他中断了本来计划出版的《性经验史》后续部分。这是一种必须以非常深入的研究为前提的令人兴奋的推进，一种"儿童的运动"。当时和这些年当中发生了什么事？如果说确实出现了危机，那么有许多迥然不同的因素在同时发生着作用。有些因素是，可能来自更深远处的灰心，监狱运动的最终失败；另一层面的因素是，新希望的破灭，伊朗、波兰；还有一个因素是，令福柯日益难以忍受的法国社会和文化生活；在研究方面，他越来越感到人们对其《认知的意志》和《性经验史》误解很深；最后还有一个非常个人化的因素：他感到自己处于死胡同中，他需要孤独和力量以找到一个不仅关系到他的思想也关系到他的生活的出路。如果说存在着这么一个死胡同的话，那么这个死胡同是什么呢？福柯至此曾一直分析了知识的形式和权力的装置；他到达了我们在其中生活和讲话的这种权力-知识的混合物之中。这仍是《认知的意志》的观点：构建19世纪和20世纪的性陈述的研究材料，探寻这些陈述在何种权力中心的周围构成，无论其是在进行正常化还是在提出质疑。从这个意义上说，《认知的意志》仍属于福柯以前构建的方法。但是我猜想他碰到了这个问题：权力之外便一无所有了吗？他是否正在将自己陷入权力关系这样一个死胡同中？他如同被吸引、被投入他所憎恨的东西之中。他徒然地回答自己说，触碰权力是现代人（无耻者）的遭遇，是权力让我们看见和说话。他的这种回答无法使自己满意，他还需要"可能性"……他不能囿于他所发现的东西之内。《认知的意志》无疑表现出抵抗权力的一些点；但是它们的位置、起源、形成是模糊的。或许福柯曾感到必须不惜一切代价越过这条线，到另一面去，走到知识-权力之外。即使必须为此推翻《性经验史》的全部计划，他也在所不惜。正是为此，他在如此绝妙的关于"无耻者"的文章中对自己说："总是同样的不可能性：不可能越线，不可能到另一面去……总是同样的选择，选择权力的一方，选择权力所说和让人所说的一面……"这完全不是摒弃先前的著作。相反，是他先前的全部著作推动他走向这个新的反抗。唯有在福柯的探索中"陪伴"他的读者才能理解这一点。因此，这实在是天大的蠢话："他发现自己错了，只好重又引入主体。"他从未重又引入主体，他从未有其他的必要，只有其著作强加给他的必要：他了解了知识和权力的混合物，进入了终点线，像莱布尼茨一样被"抛入汪洋大海"。他没有选择：要么做出新的发现，要么停止著书立说。

——这条"线"，或这种不再是权力关系的关系，是什么呢？难道以前人们不能有所预感吗？

——这很难说。这是一条并非抽象的线，即使它并不形成任何轮廓。它既存在于思想中，也存在于事物中，凡是思想面对疯狂、生命面对死亡的地方，都有这条线。米勒（Miller）说，人们存于任何一个分子中，存于神经纤维中，存于蜘蛛的网丝中。这可以是梅尔维尔在《白鲸记》（*Moby Dick*）中所说的鲸须线，当它伸展开来便可以将我们捆住或勒死。这可以是米肖（Michaux）所认为的毒品线，是"线性加速"，是"暴怒的车夫手中的皮鞭条"。这可以是画家绘出的线，如康丁斯基或凡·高的线。我认为每当我们以足够的眩晕思考时，以足够的力量生活时，我们便互搭在这些线上。是这些线超越了知识（这些线将如何被"了解"？），是我们与这些线的关系超越了权力（正如尼采所说，谁会称之为"控制意志"呢）。您是说它们已经出现在福柯所有的著作中了吧？是的，这是外部的线。外部，在福柯的著作中，犹如在此词所借自的布朗肖的著作中，这是比任何外界都更远的东西。同时，这也是比任何内界都更近的东西。由此而产生了近与远的经常不断的颠倒。思想不是来自内里，但是它也并未将外界的机会扩大。思想来自这个外部，回到这个外部，面对这个外部。外部线，这是我们的替身，是具有一切相异性的替身。在《雷蒙·鲁塞尔》中，在纪念布朗肖的一篇文章中，在《词与物》中，福柯不断谈到这点。在《临床医学的诞生》中，有一整段关于比沙的文字，我觉得那是福柯方法的典范：他对比沙著作中关于死亡的概念做了认识论的分析，这是人们所能想象到的最出色、最严肃的分析。但是人们觉得文章意犹未尽，其中有一种激情超出对一位已经属于过去的作者的概括。这是因为比沙无疑提出了死亡的现代概念，将它描绘成暴烈的、复数的并与生命共存的。他没有像古代人那样，将它变成一个点，而是将它变成一条线，我们不断正视这条线，我们在两个方向上越过它，直至这条线终结。这就是与外部线的正视。激情的人有点像阿沙布船长，或者更像帕西，在追逐鲸鱼中死亡。福柯的死亡就有某种这样的东西。他越过了线。在知识和权力之外，有第三条边，即"系统"的第三个要素……最终，有一种加速度，使我们无法区分死亡和自杀。

——如果说这条线是"可怕的"，那么如何使它变得能忍受呢？这是否已经就是褶子的主题：一种将线折叠的必要？

——是的，这条线是致命的，过于暴力而迅速，将我们拖进一种无法呼吸的氛围中。它毁灭一切思想，如同米肖所放弃的毒品。它已不只是阿沙布船长偏执时的那种谵妄或疯狂。必须越过这条线，而同时使它变得可忍受，可通行，可思考。尽量地、尽可能长地将它变为一种生活的艺术。面对这条线，如何拯救自己，保存自己？这是福柯著作中最经常出现的主题：应该将线折叠，使之构成一个可忍受的区域，人们在其中可以居住，对抗，得到支持，呼吸，总之，可以思想。折叠这条线以在其上生存、与其共同生存：这是生与死的问题。此线自身不断地以疯狂的速度展开，而我们则试图将其折叠，使之构成"我们所是的缓慢的存在者"，达到米肖所说的"飓风眼"：二者同时进行。这种折叠（和展开）的思想一直缠绕着福柯：不仅他的文体、他的句法是由折叠和展开所构成的，在关于鲁塞尔的著作中的语言行动（折叠词字），在《词与物》中的思想行动，尤其是在其最后著作中他所发现的一种生活艺术（主体化）的行动，亦皆如此。

折叠或展开，海德格尔的读者深知此为何意。这无疑是海德格尔全部哲学的关键（思想通向存在和存在者的折叠）。在海德格尔的著作中，有敞开，有作为现象可见性条件的存在和存在者的折叠，有作为远方存在的人的现实性。在福柯的著作中，有外部，有外部线的折叠，有作为外部存在的人类现实。也许由此，福柯在最后的一些谈话中提到他与海德格尔接近。然而，两种思想的总体是如此不同，所提出的问题是如此不同，这种相似性是十分外在的：在福柯的著作中，没有现象学意义上的经验，却总是有知识和权力，它们的极限和消亡就在外部线上。我觉得福柯更接近米肖，有时甚至更接近科克托（Cocteau）。在生命、呼吸的问题上，他与他们相会。科克托的一篇遗作正是名为《论存在的困难性》，他在其中解释说，梦以令人眩晕的速度活动着，并"通过变得令我们可忍受的永恒的斡旋展开褶皱"，但是醒需要将世界折叠起来以能生活其中，并需要一切被缓慢地给予。更可以说，米肖的主标题和副标题可以给福柯以灵感："内部空间""内在的遥远""褶皱中的生命""面对锁闭"（副标题为"献给权力的诗""知识片段"……）在《内在空间》中，米肖写道："儿童生来带有22个褶皱。问题在于将这些褶皱展开，这样，人的生命便完成了。人在此形式下死亡。他不再有任何褶皱可展开。但是，很少有人在没有什么褶皱可展开时便死亡了，而少并不等于没有。"我觉得这段文字最接近福柯。褶皱和展开在福柯的著作中以同样的方式发出共鸣。不同的是这里有4个主要的褶皱，而非22个：一是我们的身体所造成的褶皱——如果我们是希腊人，如果我们是基督徒，则是我们的肉体所造成的褶皱，每一个褶皱都有许多可能的种类；二是当力量作用于自身而非其他力量时，力量所造成的褶皱；三是真理同我们的关系中，真理所造成的褶皱；四是构成一种"内在期待"的外部线本身所造成的褶皱。但是从鲁塞尔到米肖，问题是一样的，它构成了哲学-诗意：将线展开到何种程度而不坠入无法呼吸的真空，不坠入死亡；而如何将线折叠而不失去与它的接触，构建一种内部与外部的共同在场，并可应用于外部。这就是"实践"。我认为，与其说海德格尔对福柯多少有些无形的影响，不如说荷尔德林-海德格尔一方与鲁塞尔或米肖-福柯一方殊途同归。不过，他们所走的路是非常不同的。

——这些就是"主体化"吗？为什么用这个词？

——是的，这种线的折叠，正是福柯在研究时最终所称为的"主体化进程"。如果人们看到他为什么在其最后两部著作中向希腊人致敬，人们就会更加理解这一点。这是更为尼采式的而不是海德格尔式的致敬；这是希腊人的一种非常明确而独特的看法：在政治上（以及其他方面）希腊人发明了自由人之间的权力关系，即自由人支配自由人。于是，力量作用于其他力量或是受作用于其他力量就不足以说明问题了，力量也必须作用于自身：完全控制自身者将有资格支配他者。在将力量施于自身，将力量置于一种与自身的关系中时，希腊人发明了主体化。这不再是知识的体系化的规范（形式之间的关系），这也不是权力的约束性的规范（力量与其他力量之间的关系），某种程度上，这是功能性的规范（与自身的关系）：最优秀的人将是对自己施以权力的人。希腊人创造了审美的生活方式。主体化就是：将线弯曲使之回到自身，或是使力量作用于自身。这样我们便有了使在其他方式下无法生存者得以生存的手段。福柯所说的就是，只有当我们将存在变为一种"样式"，一种"艺术"时，我们才能避免死亡和疯狂。说福柯在否认了主体之后又引入了一种隐蔽的主体，是愚蠢的。没有主体，但是有主体性的产生。在某一刻，主体性需要产生，这正是因为没有主体。这一定的时候，就是在我们跨越了知识与权力的阶段之后，正是这些阶段迫使我们提出新的问题，我们不能在此之前提出。主体性完全不是一种知识的形成或是一种权力的作用；主体化是一种区别于知识和权力的艺术行动，知识和权力之中并没有它的位置。在这方面，福柯是尼采主义者，他在终点线上发现了艺术家-意志。主体化，也就是说，将外部线折叠的活动，我们不认为它仅是一种自我保护、自我隐蔽的方式。相反，它是面对线、横跨线的唯一方式。人们可能走向死亡，走向自杀，但是，正如福柯在与施勒特尔（Schroeter）的一次奇怪的谈话中所说的，从此自杀成为一门花费一生的艺术。

——然而，这是不是回到希腊人呢？"主体化"终究还是一个再次引入"主体"的模棱两可的词汇，难道不是这样吗？

——当然不是回到希腊人。福柯讨厌各种回到。他从来都是只谈他所感受到的东西。在其著作中，自我控制，或者更准确地说，自我造就，是显而易见的。他说的是，是希腊人"发明"了主体化，而这是由于他们的制度，自由人的竞争（体育、辩论、爱情等）使得他们能够有此"发明"。

但主体化进程是五花八门的。基督徒的方式与希腊人的方式截然不同，这不仅表现在基督教的宗教改革上，从早期基督教开始，个体或集体的主体性的产生走了各种各样的道路。这里应该提一提勒南（Renan）关于基督徒的新生存美学的几页论述：一种审美的生存方式。尼禄（Néron）以其自己的方式协作，在圣方济各（François d'Assise）那里得到最高的表现。这是与疯狂和死亡的对抗。对福柯来说，重要的是主体化区别于一切道德，区别于一切道德法则，与具有知识和权力性质的道德相反，主体化是伦理的和审美的。因此，有一种基督徒的道德，但也有一种基督徒的审美-伦理，两者间存在着各种各样的斗争和妥协。今天我同样可以说：我们的伦理是什么？我们如何创造出一种艺术化的生存，我们的主体化、与道德法则相对抗的主体化的进程是什么样的？新的主体性在何处并如何产生？对现在的各种共同体（communauté）能有所期待吗？虽然福柯追溯到了希腊人，但是在其《快感的享用》和其他一些著作中，他所感兴趣的是，现在发生了什么，我们是什么和我们在做什么。一种历史的形成，无论远近，我们总是通过它与我们的差异对其加以分析，并以此明确这种差异。我们现在赋予自己一种身体，但是这种身体与希腊人的身体、与基督徒的肉欲（chair）有何不同？主体化就是生存方式或生活风格的创造。

我们如何看待"人之死"这一主题与艺术性主体化这一主题之间的矛盾呢？或者说，如何看待在道德的拒斥与伦理的发现之间的矛盾呢？这里有问题的变化，有新的创造。而主体性被创造出来，主体性成为一种样式，这就足以使我们相信此词需慎重理解。福柯曾说："一种或许与自我完全相反的自我的艺术……"如果有主体，那也是一种无身份的主体。作为进程的主体化，就是单数的或复数的、个人的或集体的个体化。有许多个体化的类型。有"主体"型（是你……是我……）的个体化；也有事件型的个体化，没有主体，如：一阵风，一种气氛，一天的某一时刻，一场战役……一个生命，或者说一件艺术品，并不肯定就像主体那样被个体化，而是相反。就算福柯本人，人们也未完全将他视为一个个人。即使在一些毫无意义的场合，当他进入一个房间时，这更像是一种气氛的变化，一个事件，一种电场或磁场，一种随便什么事物。这完全不排除温情或善意，但是这不在个人范畴之内。他成为这样的人或造成如此之效果，有时令他感到心寒。但是他的全部著作都确实使他如此。见诸其作品的，是反射光，是闪耀，是电光，是光的效果。他使用的语言里有大量的无人称"有"（il y a），这是第三人称，与个人相对立，这是构成其风格的语言，有强度。仍是在与施勒特尔的谈话中，他阐明了"爱情"（amour）与"激情"（passion）的对立，他说他是激情澎湃的人，而非缠绵于爱情的人。这是一篇绝妙的文章，恰恰因为这是一篇即兴谈话，福柯并未曾试图给这种区别以哲学地位。他是在一个直接的、生动的层面上谈论这个问题的。这种区别完全不是恒定与不恒定的问题。这也不是同性恋与异性恋的区别，虽然文章谈的是这个问题。这更应该说是两种个体化类型的区别。一种类型是爱情，是个人，另一种类型是激情，是强度，就像激情不是将个人奠基于无差别，而是奠基于总是相互牵连的变化而持续的强度场。（这是一种始终活动的状态，但不是朝向一个特定的点，有强烈的时刻，有微弱的时刻，有达到炽烈的时刻，这是起伏，这是一种由于一些莫名其妙的原因或可能出于惰性而产生的不稳定状态，这是最大限度地追求持续或消亡……保持自身已不再有意义……）爱情是一种状态、一种个体的状态和关系。而激情是一种同生命一样持续长久的次个人的事件（十八年来，我生活在一种对某人、为某人的激情状态中），是一种无主体的个人化的强度场。特里斯坦和伊索尔德之间或许是爱情。但是，关于我这篇谈福柯的文章，有人说，《呼啸山庄》中的凯瑟琳和希思克利夫之间是激情，一种纯粹的激情，而非爱情。的确，这是一种强烈的灵魂的博爱，并非完全是人的东西（他是谁？一只狼……）。这很难表达，很难让人感到情感状态中的一种新的区别。我们被绊在这一点上，因为福柯的事业中止了。福柯也许应该赋予这种区别一种与生命相同的哲学意义。至少我们应该对他所说的"主体化样式"采取慎重态度。这样的一些样式确实包括一些无主体的个人化。激情，激情状态，或许就是将外部线折叠，使个人能够生存，能够呼吸。在福柯的辞世所带给人们的无限悲伤中，或许有一种欢乐，那就是福柯如此伟大的事业是在呼唤激情中休止。

——在福柯与尼采的著作中，都可以看到对真理的批判。他们的著作都展现了一个捕获、束缚、争斗的世界。但是可以说，在福柯的著作中，一切都更加冰冷，更加像金属一般，就像他对诊所的描述……

——福柯受到尼采的启示。举一个具体的例子：尼采十分庆幸自己最先对神父进行了心理分析，分析了神父权力的性质（神父将信徒团体视为"羊群"，给他们接种怨恨和内疚的情感，以此引领他们）。福柯也研究了"牧领"权力（pouvoir pastoral）这一主题，只是他在另一个方向上进行了分析：他将牧领权力定义为"个体化"，也就是说欲图掌控羊群成员的各种个人化机制。在《规训与惩罚》一书中，他展示了18世纪政治权力如何通过各种"纪律"而变成个体化，最终发现牧领权力是这一运动的根源。您说得对，福柯与尼采的根本联系在于对真理的批判：什么是作为"真实"话语前提的、真实话语只能掩盖的真理"意志"？换言之，真理并不是必须建筑在发现真理的方法之上，而是必须建筑在欲求真理的手段、程序和进程之上。我们总是掌握着与我们相应的、与知识手段（尤其是语言手段）相应的、与权力程序相应的、与我们主体化或个体化进程相应的真理。因此，为了直接发现真理意志，就必须想象一些非真的、与本身手段混为一谈的话语，就像鲁塞尔或布里塞的那些推论一样：他们的非真理也将同样是一种真理，一种非标准的真理。

福柯与尼采有三个主要交汇点。其一是对于力量的理解。福柯的权力，如同尼采的权力，并非简化为暴力，也就是说，并非简化为力量与存在物或客体的关系，而是归为力量与它所影响的乃至影响它的其他力量（激励、引出、促成、诱发等情感）的关系。其二是力量与形式的关系：一切形式都是各种力量的组合。这已在福柯对绘画的描述中有所阐明。但不仅如此，这更是福柯人之死的全部主题，是他与尼采的超人的联系。人的力量依靠自身并不足以构成一种人可以安居其中的统治形式。人的力量（理解力、意志力、想象力等）必须与其他力量相结合：一种巨大的形式便从这种结合中产生了，但是一切取决于与人的力量相结合的那些其他力量的性质。由此而产生的形式并不必然是一种人的形式；它可以是一种动物的形式，人只是其化身而已；它可以是一种神的形式，人是其镜像；它可以是唯一上帝的形式，人只是其限定（如同 17 世纪人的理解力作为一种无限的理解力的限定）。这就是说，人-形（forme-Homme）只是在极其特殊和不成熟的条件下显现。福柯在《词与物》中，就是根据与人的力量相结合的那些新力量将它们作为 19 世纪的奇迹而进行了分析。大家都说，今天，人仍在与其他力量（空间中的宇宙、物质中的粒子、机器中的硅……）发生关系：由此产生了一种新的形式，已不再是人的形式……在福柯和尼采那里，从不曾有一个如此简单、精确而又如此伟大的主题激起过如此之多的愚蠢反应。最后，第三个交汇点关系到主体化进程：再次强调，这根本不是一种主体的构建，而是生存方式的创造，是尼采所说的新的生命可能性的创造，尼采已在古希腊人身上找到了新的生命可能性的根源。尼采从中看到权力意志的最终维度，即艺术家-意志。福柯用力量自我展现或折叠的方式表明了这种维度。他可以循着这条路重续希腊人或基督徒的历史。因为，至为重要的是：尼采说，思想家总是射出一支箭，像是无的放矢，另一个思想家将此箭拾起，射向另一个方向。福柯即是如此。福柯将他所拾到的东西进行了深刻的改造。他不断创新。您说他比尼采更加金属化。可能他甚至改变了箭的材质。应该从音乐的角度，从各自的乐器（方法、程序和进程）方面，对他们进行比较：尼采路过瓦格纳，但为了摆脱他。福柯则路过韦伯恩（Webern），但他也许最接近瓦雷兹，是的，对我们的"现实性"乐器的呼唤，是金属般的、刺耳的。

与克莱尔·帕内（Claire Parnet）的访谈，1986 年

四、哲学

12　代言者

如果说当今的思想界出了问题，那是因为在现代主义的名义下又回到了抽象，种种起源的问题重又提起……于是所有关于运动、矢量的分析便一下子受阻。当今是一个十分贫乏的时代，一个逆向而动的时代。而此前，哲学界本以为解决了起源的问题。问题已不再是"出发"或者"到达"，而主要是在"二者之间"发生了什么。物理运动也完全如此。

在体育与习俗方面，运动正在发生变化。人们曾长期接受运动的能量概念：运动有一个支撑点，或者人是运动的起源。跑步、投掷，等等，都是用力，都是克服阻力，这里都有一个起始点，都利用一种杠杆的力量。但是现在我们看到，运动的定义越来越不基于杠杆点的插入。所有新兴的体育项目，如冲浪、帆板、高山滑翔，等等，都属于这一类型：在一预先存在的波段上插入。这已不再是作为起点的起源，这是一种进入轨道的方式。如何使自己置于巨浪的运动之中，置于上升气流的运动之中，如何"到达其间"而不是成为力量的起源，这才是问题的根本所在。

然而，在哲学上，人们又回到了永恒价值，回到了知识守护者的永恒价值的思想上。本达（Benda）已经这样批评过柏格森：在试图思考运动时，他背叛了自己的阶级，背叛了知识分子阶级。如今，人权替代了永恒价值功能。众所周知，权利状态以及其他一些概念都是非常抽象的。正是在此名义下，一切思想都受到阻碍，一切关于运动的分析都被堵死。然而，压制之所以如此可怕，并不是因为它触犯了永恒，而是因为它阻止了运动。自从进入一个贫乏的时代，哲学便躲避到"对……"的反思中……既然哲学本身什么也创造不了，那它除了反思之外又能做些什么呢？于是它便对永恒或历史进行反思，而它本身则不能再运动了。

哲学家不是反思者，而是创造者

的确，撤销哲学家"对……"反思的权利是至为重要的。哲学家是创造者，不是反思者。

有人指责我重新拾起了柏格森的一些分析。的确，像柏格森所做的那样，将感知、情感和行动分为三类运动，是一种崭新的划分。直至今日，此种划分依然是新的，因为在我看来，它从未很好地被领会，而它却是柏格森思想中最深奥也是最卓越的部分之一。然而，将这种分析运用于电影，确是独一无二的。电影的发明与柏格森思想的形成是同时进行的。将运动引进概念之中和将运动引入影像之中恰是在同一时代发生的。柏格森是最先揭示思想自身运动的人之一。因为仅仅说概念在运动是不够的，还需构建一些能够精神运动的概念。同样，仅仅制作中国皮影戏是不够的，还需构建能够自身运动的影像。

在我的第一部著作中，我曾将电影影像视为那种获得自身运动的影像。在第二部著作中，我认为电影影像获得了一种自发-时间性（auto-temporalité）。我探讨电影完全不是从反思的角度，而是因为这个领域确实发生了令我感兴趣的东西：在什么条件下能够有一种影像的自发-运动或自发-时间性，以及这两大要素自 19 世纪末以来有何演变。因为，当电影基于时间而非运动时，同其最初阶段相比，这里显然有着本质的变化。只有电影能够成为试验室，在运动与时间成为影像本身的构成要素的情况下，我们才能感受到这种质的变化。

电影的最初阶段，是影像的自发-运动。这正是在叙事电影中实现的。其实并非必然如此。诺埃尔·柏奇（Nöel Burch）关于这一点的阐述至为重要：叙事并非从一开始就包含在电影中。引发运动-影像，即影像的自发-运动，引发叙事的是感知-运动范式。电影本质上并不是叙事的。当电影以感知-运动范式为对象时，它便成为叙事性的了。这也就是说，银幕上的人物在感知，在体验，在反应。这必须以很多的相信为前提：主人公正处于某种情境之中，正做出反应，他永远知道如何反应。这必须以对电影的理解为条件。为什么电影变成了美国的？好莱坞的？原因很简单：美国掌握了这种范式。这一切随着"二战"的结束而告终了。突然之间，人们不再那么相信在那些情境中有可能做出反应。战后的情况使他们感到茫然无措。后来便出现了意大利的新现实主义，表现了这样的一些人：他们所处的情境已不能再在反应中、在动作中延续。没有可能的反应，是否就意味着一切都将是中性的呢？不，绝非如此。将会有一些纯粹的光和声音的情境，产生全新的理解方式和抗拒方式。这将是新现实主义、新浪潮，以及与好莱坞决裂的美国电影。

当然，运动将继续存在于影像之中，但是随着纯粹的光和音情境的出现，时间-影像脱颖而出，这时运动已不再重要，它仅是作为一种索引而存在。时间-影像绝不意味着前和后，不意味着连续性。连续性作为叙事法则从一开始便已存在。时间-影像并未与在时间上所发生的事物混在一起，这是一些共存的、串联的、转化的新形式……

面包师的加工

我所感兴趣的是艺术、科学和哲学三者之间的关系。这三门学科不能说哪个比哪个更优越。每一门都是创造性的。科学的真正目的是创造功能，艺术的真正目的是创造可感觉集群（agrégat），而哲学的真正目的是创造概念。由此出发，在这些尽管十分简略的功能、集群和概念的大题目下，人们可以提出有关它们彼此之间的呼应和共鸣的问题。在完全不同的线路上，以完全不同的生产节奏和运动，一个概念、一个集群和一个功能如何可能交汇呢？

第一个例子：数学上有一种空间，称为黎曼空间。它与功能相关，有明确的数学上的意义。这种空间由相邻的小块空间构成，其间有无数的连接方式，这尤其使相对论得以成立。现在，当我研究现代电影时，我发现战后出现了一种邻域构成的空间，在一小块空间与另一小块空间之间有无数可能的连接方式，而且不是先定的。这是一些分开的空间。如果我说这就是一种黎曼空间，这似乎有些牵强，但是从某种角度说，却完全如此。这并不是说电影做着黎曼做过的事情。而是说，如果只从空间的定义来看，以无数可能的方式连接的邻域，以可感触的方式连接的视觉和听觉的邻域，就是布列松的空间。当然，布列松不是黎曼，但是他在做着数学上已发生的同样的事情，而两者是相呼应的。

另一个例子：物理上有一种现象令我很感兴趣，人们称之为"面包师的揉面加工"。普里高津和斯唐热（stengers）对此做过分析研究。取一正方形，将其拉长成为矩形，切为两半，将一半贴合在另一半上，将此新形成的正方形再拉成矩形，如此反复，不断变换正方形。这是面包师的加工。经过数次加工之后，原正方形上即使再近的两点，也终将分处于相对的两半之上。这成为一系列计算的题目。普里高津基于他的概率物理学，对此极为重视。

在这点上，我想到雷乃。在他的影片《我爱你，我爱你》中，人们看到一个与其生活的一个瞬间联系在一起的人物，这个瞬间每次都纳入不同的组合。这就像是一些影像被不断地搅乱、改变、重新分配，以至在一个层面上很近的东西在另一个层面上则十分遥远。这是一种电影上非常惊人的、奇怪的时间概念。它与面包师的加工相应相和。以至于我并不觉得这是惊人之谈：雷乃与普里高津相近，就像由于其他原因，戈达尔与托姆（Thom）相近一样。这并不是说雷乃在做着普里高津的事，戈达尔在做着托姆的事。而是说，在功能的科学创造者与影像的电影创造者之间有着惊人的相似之处。就哲学概念而言亦是如此，因为有各种不同的空间概念。

因此，哲学、艺术和科学之间有着相互呼应的关系，有着相通的关系，而每次发生这种关系都有其固有原因。它们随着自身的演进而相互激发。从这个意义上讲，完全应该将哲学、艺术和科学看作一些互不相关而又不断相互涉及的旋律线。这里，哲学没有任何反思的至高地位，也绝不处于创造的低下地位。创造概念并不比创造新的视听合成或科学功能更容易。应该看到的是，线之间的相互关联并不属于相互注视或相互反射的范围。一个学科如果以追随其他学科的创造运动为己任，它本身就丢弃了其创造作用。重要的从来都不是跟随相邻学科的运动，而是致力于自身的运动。如果没人起动，便没人移动。相互关联也不是交换：非赠即夺。

代言者至为重要。创造，即是代言者。没有他们就没有作品。代言者可以是人：对哲学来说，可以是艺术家或是科学家；对科学家来说，可以是哲学家或艺术家，也可以是物，是植物，甚至是动物，就像卡斯坦内达（Castaneda）那样。必须造出自己的代言者，不论其是想象的还是真实的，是有生命的抑或是无生命的。这是一个系列。如果不能形成一个系列，哪怕完全是想象的系列，失败也在所难免。我需要自己的代言者进行表达，而没有这些代言者，我也永远不能表达。人们总是多人一起工作，即使这并不显而易见。而我和加塔里则是明显共同进行研究的，我们是彼此的代言者。

在一个共同体内部制造代言者，是在加拿大电影人皮埃尔·佩罗（Pierre Perrault）的作品中出现的。他说，我为自己制造一些代言者，这样，我就可以说出我所要说的。佩罗认为，如果他单独一人讲话，即使是杜撰一些故事，他也肯定是发一通知识分子的议论，他将无法摆脱那种"主人或殖民者的推论"，那种先定的推论。所以，应该抓住正在现身说法的其他什么人。于是便形成了两人或多人的少数言论。这里又看到了柏格森虚构的作用……抓住一个现身说法者，便掌握了一个民族的构建运动。民族并不是先存的。在某种意义上，正如保罗·克利（Paul Klee）所说的，民族就是正在丧失者。过去有巴勒斯坦民族吗？以色列人说没有。过去无疑有一个，但是问题不在这里。问题在于，自巴勒斯坦人被逐出他们的土地起，当他们奋起反抗时，他们便进入了一个民族建构的进程。这与佩罗所说的现身说法完全相符……和代言者一起发出的少数言论与总是反映殖民者说法的先定的杜撰故事是相对立的。

真理并不是预先存在、有待发现的东西，而是有待在各个领域，比如在科学上，创造出来的东西。这一思想是清楚的。即使在物理上，真理也莫不以符号系统为假设条件，哪怕那只是一个坐标。真理莫不使先定的思想"出错"。说真理是创造，就意味着真理的产生需要经过一系列的操作，包括对某一材料进行加工，进行一系列逼真的仿造。我和加塔里是这样工作的：我们各自是对方的仿造者，就是说每个人都以自己的方式理解对方提出的概念。这样就形成了一个两种说法的思想系列。多种说法的系列或有旁支的复杂系列亦不排除。那些将创造出真理的谬误力量，就是代言者。

左派需要代言者

政治已经走偏了。很多人期待着社会主义机制带来一种新型的话语，带来一种十分贴近各种真实运动的话语，这种话语能够与这些运动相容。以新喀里多尼亚（La Nouvelle Calédonie）为例。当皮萨尼（Pisani）说："不管怎样，这将是独立"时，这已经是一种新型话语了。这意味着：不再假装无视真实的运动而进行谈判，而是直截了当地承认终极点，谈判从这个事先确定的终极点出发。人们将就方式、方法和进度进行谈判。这正是右派所指责的。他们认为，应该采用老手法，尤其应该闭口不提独立，即使明知独立是不可避免的，因为这是一场艰苦谈判的赌注。我相信，右派的人并不存有幻想，他们不比别人蠢，只是他们的技巧就是反对运动。这同在哲学上反对柏格森是一回事。是适应运动还是阻止运动，在政治上就有两种截然不同的谈判技巧。在左派方面，这意味着一种新的谈判方式。问题并不完全在于说服，而在于讲清楚。讲清楚，就不仅必须提出某一状态的"已知条件"，还须提出某一问题的"已知条件"。这就是将在其他条件下不可见的东西变为可见。在喀里多尼亚问题上，有人告诉我们说，这片土地曾一度被视为移民地，致使加纳克人成为自己土地上的少数。这是从何时开始的呢？以何种节奏进行的？是谁这么做的？右派拒不提出这些问题。如果这些问题成立，人们在确定已知条件时便同时提出了右派企图掩盖的问题。因为问题一经提出，便再也不能抹杀，右派本身便须改变自己的说法。因此，左派无论当权与否，其任务就是找出右派千方百计企图掩盖的问题。可惜，在这方面，似乎可以说左派毫无侦讯能力。左派自有其苦衷：在法国，官员团体，负责人团体，一直是右派的。这些人即使很有诚意，即使非常公正，也无法改变他们的思维方式和存在方式。

没有人为社会主义者传递甚至拟定他们的信息、他们提出问题的方式。他们本该设立平行的线路、邻近的线路，他们本需要一些知识分子作为他们的代言者。而他们在这方面所做的一切，就是进行一些友好但十分空泛的接触。他们没有告诉我们相关问题最起码的一些情况。我下面举三个不同的例子。第一个例子：关于新喀里多尼亚的地籍问题。此问题可能已被专业刊物所了解，但没有成为公众关注的话题。第二个例子：关于教育问题。我们被普遍灌输的看法是，私立教育是教会教育，那么世俗教育的比例究竟是多少，我却始终不得而知。第三个例子：自从右派在许多市镇选举重新获胜之后，对各类文化事业单位的拨款便被取消了，这些单位有的是大单位，但更多的是小的、地区性的单位，而唯其涉及众多的小单位，才更令人关注。可是至今无法得到一份详细的清单。右派对这类问题无所谓，因为他们有现成的、直接的、直属的代言者。左派需要间接的或自由的代言者，如果左派能使他们有可能成为代言者的话，那则是另一种风格的代言者。由于共产党的缘故，在可笑的"同路者"的名义下丧失其价值的代言者，左派确实是需要的，因为左派需要人们思考。

模仿者的阴谋

如何说明时下文学危机的特点？畅销书机制是一种快速运转。书商已经开始向只按照排行榜订货的唱片商看齐了。这就是电视栏目《读书》的意义。快速运转理所当然地促成着一个预料到的市场：甚至无耻、丑闻、怪异等都悄然潜入各种可预见的市场形式中。那种只能产生于意料之外、慢速运转和逐步扩散的文学创作的条件是脆弱的。那些未来的贝克特和卡夫卡们，他们既不像贝克特也不像卡夫卡，很可能找不到出版商，而人们对此还毫无察觉。正如兰东（Lindon）所说，"人们不会注意到一个不认识的人的缺席"。苏联已经丢失了它的文学，而人们对此全无察觉。人们会庆幸图书数量的增加和印数的提高，可是青年作家将在一个没给他们留下创作余地的文学空间里被铸成一个模子。只需炮制出一部极可怕的标准小说，至于那是模仿巴尔扎克、司汤达、塞利纳、贝克特还是杜拉斯，无所谓。或许，巴尔扎克本人是无法模仿的，司汤达本人是无法模仿的，因为那是一些新的句法，是一些"出乎意外的东西"。人们所模仿的已经是而且永远是一种复制品。模仿者之间在相互模仿，由此而产生了传播力，也造成了比原型做得更好的印象，因为他们知道方式或解决方法。

电视栏目《读书》所做的事是可怕的。这个栏目是一个具有组织和影像调度的巨大技术力量的节目。但这也是文学评论的零度状态，文学变成了文艺演出。皮沃（Pivot）从不掩饰他的真爱，那就是足球和烹饪。文学正在成为一种电视游戏。电视节目的真正问题，就是游戏的入侵。这毕竟是令人担忧的：有这样一些热情的观众，当他们在观看两个对手用9个字母组成一个词的比赛时，他们坚信自己是在参与一种文化活动。现在正出现一些咄咄怪事。电影人罗西里尼对此说得很清楚："当今世界是一个残酷得莫名其妙的世界。残酷，就是侵害某人的个性，就是将某个人置于情境下为了使其做出彻底的、无动机的内心忏悔。如果为达到某种特定目的而进行内心表白，我是可以接受的，但现在搞的是偷窥者，或者可说是色鬼的把戏，这是残酷的。我坚信残酷永远是幼稚病的体现。如今的一切艺术每一天都变得更幼稚。每个人都疯狂地渴望变得尽可能的幼稚。我不是说天真，而是说幼稚……如今，艺术不是无病呻吟，就是残酷。人们要么无病呻吟，要么就玩弄莫名其妙的残酷，别无其他。比如在关于不可沟通性，关于异化的思辨中（应该直言不讳），我看不出其中有任何温情，只看到洋洋得意……我对你说过，正是这一点使我下决心不再搞电影。"也正是这一点应该使人下决心不再搞访谈。残酷与幼稚病，即使对那些乐此不疲的人，也是力量的考验，即使那些想回避的人，也难以回避。

夫妻式的喋喋不休

有时，人们就像不会自我表达一样。其实人们从未停止过表达。那些被诅咒的夫妻是这样一种情况：妻子不可以走神或厌烦，否则丈夫便会说："你怎么了？说呀……"；换个位置，妻子对丈夫亦然。广播、电视就在传播着这种夫妻式的喋喋不休。我们被废话、被连篇累牍的胡言乱语和影像所刺穿。愚蠢从不是哑巴，也非盲人。因此，现在的问题已不再是让人们自我表达，而是保留一些可令人独思和静默的空隙，借此人们或许终将有可说的东西。镇压的力量不能阻止人们表达，反而会迫使人们表达。无话可说是一种愉悦，也是一种权利，因为无话可说恰恰是形成某种值得一说的罕见或稀有之物的条件。现在，令人难以忍受的不是干扰，而是毫无意思的建议。而人们所说的建议的意义，恰恰在于建议所表现出的受关注性。建议的意义与建议的新鲜性完全是一回事。我们可以听一些人讲上几个钟头：毫无意思……正因为如此，争论才如此困难，正因为如此，才没有争论的必要，永无必要。人们不会对某人说："你所说的毫无意思。"人们可以对他说："这是错的。"而某人所说的，绝不是错的，而是愚蠢的，或者是毫不重要的。因为这些话已经说过上千遍了。重要性、必要性和有意思等概念具有比真理概念大一千倍的决定作用。这绝不是因为它们代替了真理概念，而是因为它们估量着我所说的话的真理。数学上也是如此。庞加莱（Poincaré）说，许多数学理论毫不重要，毫无意思。他没有说那些理论是错的，这就更糟糕了。

《移民地的俄狄浦斯》

记者对这场文学的危机或许也负有部分责任。记者写书是司空见惯的事。但是他们写书时，便进入了与报刊形式不同的另一种形式，他们便变成了作家。记者们坚信，书这一形式理所当然地属于他们，他们无须再进行任何特殊的努力便可进入这一形式，于是出现了新的形势。顷刻之间，作为一个整体，记者们一举占领了文坛。由此产生了标准小说的一种式样，类似《移民地的俄狄浦斯》的东西，一名记者的旅行，本人寻觅女人和寻找父亲的汇报。这种新形势影响了所有的作家：作家必须使自己变成记者，使自己的作品变成记者的作品。最终一切都发生在作家记者与评论家记者之间，书仅是两者之间的中继站，几乎无存在的必要。书仅仅是发生在别处的活动、经历、意念、目的等的汇报。书本身成为记录。于是，每个人都似乎或自以为在孕育一本书，只要他有一个职业或仅仅一个家庭，只要他有一个患病的亲人，只要他有一个滥用职权的上司。每个人的家庭或职业似乎都是一部小说……人们忘记了，无论对谁，文学都意味着一种特殊的研究，一种特殊的努力，一种特殊的创作意念，这些只能在文学本身中完成，文学绝非用来收集那些风马牛不相及的活动与意图直接产生的渣滓。将书的层次降低的"次等化"，现已成为市场促销的特点。

文学如果死亡，那将是被谋杀的

那些没有认真阅读或理解麦克卢汉（McLuhan）著作的人，会认为视听替代书是理所当然的，因为较之已故的文学或其他表达方式，视听本身拥有同样多的创造力。这不对。因为，如果视听最终替代了书，那将不是因为它作为竞争性的表达方式，而是因为那些也同样窒息了视听创造力的垄断。如果文学死亡，那必然是暴力和政治谋杀的结果（就像在苏联那样，尽管无人察觉）。问题不是风格的比较。替代不是发生在笔头文学与视听文学之间。替代发生在（无论是视听的还是文学的）创造力与驯服权力之间。如果文学不能维持其创造的条件，很难相信视听就能够拥有其创造的条件。创造的可能性因表现方式的不同而迥然有异，但是不同的创造的可能性并不因此而减弱它们之间的相通性，因为它们必须齐心协力共同反对建立一个市场和迎合的文化空间，即"为市场而生产"的文化空间。

网球场上的无产者

风格是文学概念，是句法（Syntaxe）。科学也谈风格，这里不存在句法，而是方式方法。体育也谈风格，是指姿势动作。体育上对此研究颇深，但我知之甚少。也许可以说这些研究证明了风格即创新。当然，体育表现出一种以记录为标志、以运动鞋、撑杆等器械的改善为基础的量变。但是这里也有质变或思想，它们与风格相关：跳高怎样由剪式过渡到俯卧式以至背越式？跨栏如何不再局限于障碍而注重加大步幅？为什么不能一开始就这样？为什么必须经历整整一个量变的过程？任何新的风格都不是意味着一个新的"动作"，而是意味着一连串的姿势。这一连串的姿势即是相当于句法的东西，它基于前一种风格而又与之脱离。技术的改进只是当它们在一种新的风格之中被采用时才有效果，它们并不足以决定一种新的风格。体育创新者的重要性便是由此产生的。他们是质的代言者。以网球为例：将球击到上网对手脚下的回球方式是何时出现的呢？我记得那是澳大利亚优秀网球手布朗维奇（Bromwich）战前开始采用的，我记得也许不大准确。可以肯定的是，是博格（Borg）创造了一种新的风格，为一些堪称无产者的人们打开了网球之门。在网球方面和其他方面一样，有一些创新者。麦肯罗（MacEnroe）是一位创新者，即新风格的创造者。他在网球中引进了埃及人的姿势（他的发球）和陀思妥耶夫斯基的反应（"如果你总是故意以头撞壁，生活便变得无法忍受了"）。在此方面，模仿者能够击败创新者并比他们做得更好：这便是体育上的畅销书。博格孕育了一代默默无闻的无产者，麦肯罗会被一个量变的冠军打败。可以说，抄袭者因利用他山之石而变得更加厉害，体育协会对那些使其生存和繁荣的创新者则是忘恩负义的。可这并没有什么。因为，体育的历史毕竟是由那些创新者写成的，他们每次带来出人意料的神来之笔，带来新的句法，带来变化。如果没有这些，纯技术性的进步只会停留在量上，那是既不重要也没意思的。

艾滋病与世界战略

医学上有一个非常重要的问题，就是疾病的演变问题。这当然牵扯到新的外界因素，新的病菌或病毒形式，新的社会条件。但这也与症状学的发展、症状的归类有关。在短期内，症状并不是以相同的方式归类的，一些疾病被从以前认定的背景中隔离开来。帕金森病（震颤麻痹）、罗杰氏症（单纯性室间隔缺损）便反映出病症归类（这可以说是医学的句法）的巨大变化。医学史便是由这些归类、分离、再归类所构成。技术手段使得这些归类、分离、再归类有可能实现，但并不起决定作用。战后这方面的情况如何呢？人们发现了"紧张"症（应激症），这种病症不是由一攻击因素造成的，而是由一些亢奋或衰竭的非特定保护反应造成的。战后的医学刊物长篇累牍地讨论着现代社会的紧张压力和人们能够归结于此的病症的新分类。最近，人们发现了自身免疫症，自身之症：保护机制识别不出应由其保护的组织细胞，或是外界因素使这样的细胞无法辨认。艾滋病介于紧张症（应激症）与自身免疫症这两极之间。正如达戈涅（Dagognet）在分析当前医学时所说的那样，也许人们正在走向一些既无医生也无患者的病症。达戈涅说："想象多于症状，带菌者多于患者。"这给社会保障带来麻烦，也在其他方面令人忧心忡忡。令人震惊的是，这种新的病症风格竟与全球政策或世界战略不谋而合。人们对我们解释说，战争的可能性不仅来自特定的外来入侵者，也产生于防止反应亢奋或衰败（由此产生了原子武器严加控制的重要性）。我们的病症具有与此相符的特点，或者说，我们的核政策与我们的病症相应。同性恋有可能充当某种生物入侵者的角色，就像少数派或难民将会充当某种敌人的角色一样。这是坚持社会主义机制的又一个理由，社会主义会摒弃疾病和社会的这种双重形象。

创造就像在不可能的事物中开辟道路……卡夫卡解释说：对一名犹太作家来说，讲德语是不可能的事，讲捷克语是不可能的事，不讲话是不可能的事。皮埃尔·佩罗也发现了这个问题：不讲话是不可能的事，讲英语是不可能的事，讲法语是不可能的事。创作在狭窄的瓶颈里进行。即便是在一种语言中，比如在法语中，一个新的句法也是这种语言中的外语。如果一个创造者未被一系列不可能的事物扼住咽喉，那他也就不成其创造者了。创造者就是这样的一种人：他创造着自己的不可能而又同时创造着可能。就像麦肯罗那样，在碰壁时才会有所发现。应该锉掉墙壁，因为如果没有一系列的不可能，就不会有那种逃逸线，那种构成创造的出口，那种构成真理的错误力量。必须写出流态或气态，这正是因为普遍的感知和见解是固态的，是几何形的。这就是柏格森对哲学所做的，弗吉尼亚·伍尔夫或詹姆斯对小说所做的，雷诺阿对电影所做的。这绝对不是脱离尘世，而是因创造出尘世所依存的流态和气态规律而变得更加尘世化。风格需要很多的沉默和奋斗才能形成气旋，而后升腾。因为绝不是组合字词，连成句子，使用概念便可形成风格。应该拆散字词、劈开事物，这样才能产生一些世间的载体。一切作家，一切创作者，皆是影子。如何写普鲁斯特或卡夫卡的传记？只要我们写它，同身体相比，影子就是第一位的。真理是生存的生产。真理不在头脑里，它是一种生存的东西。作家总是抛开真实的身体。例如在佩索阿的作品中，有一些想象的人物，但又不是那么虚构的人物，因为他赋予他们一种风格、一种作用。然而他本人并不做他的人物所做的事。在文学上，采用那种做然后而叙述的"见多行远"的写作方式是没有前途的。作者的自恋令人憎恶，因为不可能有影子的自恋……好，访谈结束了。对于穿越沙漠的人来说，这并不严重，他们有阅历，有耐心；而对于生于沙漠的年轻作家们来说，这却是严重的，因为他们有可能看到他们的事业在尚未进行之前便已被取消。然而，不可能不诞生新一代的作家，他们已经在为创作和风格摩拳擦掌了。

《异报》(*L'Autre Journal*) 1985 年 10 月第 8 期，与安托万·杜罗尔 (Antoine Dulaure) 和克莱尔·帕内的访谈

13   关于哲学

——您出版了一本新书:《褶子：莱布尼茨与巴洛克风格》。从对休谟的研究（《经验主义和主体性》，1953）到现在对莱布尼茨的研究，您能描述一下这由彼及此的历程吗？如果按照您的著作的时间顺序，可以说第一阶段是对哲学史的研究，那也许当以《尼采》(1962) 为顶峰；在此阶段之后，您写了《差异与重复》(1969)；随后您又与菲利克斯·加塔里合写了两卷本的《资本主义与精神分裂》(1972、1980)，那是学院风格的纯哲学著作。现在，在您论述了绘画（培根）和电影之后，您似乎又以更传统的方式重新谈起哲学。您意识到这种变化了吗？应该将您的著作视为一个整体，一个统一体呢？还是相反？您是否从中看到一些断裂，一些转变？

——可以分为三个阶段。确实，我以写哲学史开始，但我所研究的作者对我来说都有某种共同的东西。一切都趋同于斯宾诺莎、尼采。

哲学史不是一个特别注重反思的学科。它更像绘画中的肖像艺术。这是一些思想的肖像，一些概念的肖像。同绘画一样，必须要像，但是要通过不像的手段，通过不相同的手段。应该产生相似关系，而非复制手段（只满足于复述哲学家所说的内容）。哲学家提出新的概念，加以阐述，但是他们并没有说出或完全说出这些概念所回答的问题。例如，休谟阐述了一种信念的原始概念，可是他并没说明知识的问题为什么和如何被提出，以使知识成为信念的限定性的方式。哲学史不应该重复一个哲学家所说的，而应该说出一个哲学家必要的言下之意，说出他没有说出却存在于他的言语中的东西。

哲学永远是创造概念的。我从不曾关注形而上学的超越或哲学的死亡。哲学具有永远保持现实性，永远创造概念的作用。这一点是无可取代的。当然，从柏拉图的"对手"直到查拉图斯特拉所嘲笑的对象，哲学一直有其竞争对手。现代信息论、交流、商业促销等将"概念"和"创造"这样的词汇占为己有，这些"概念提出者"形成了厚颜无耻的一代，他们将销售行为表达为资本主义的最高思想，表达为商品的"我思"。在这些举动面前，哲学感到自己弱小而孤独。但是如果它死，那至少会是笑死的。

哲学不是交流性的，也不是沉思性的、反思性的：哲学在本质上是创造性的，甚至是革命性的，因为哲学不断地创造新的概念。唯一的条件是，新概念要具有必要性，也要具有奇特性。在新概念回答了真正的问题时，它便具有了这两个特性。概念就是这样的一种东西：它阻止思想成为一种单纯的观点，一种见解，一种议论，一种闲话。概念都是悖论，必定如此。我和菲利克斯·加塔里在《反俄狄浦斯》和《千高原》中所试图表现的是一种哲学。特别是《千高原》，这是一部内容丰富的书，提出许多概念。我们不是合作，我们写一本书，然后又一本，写的并不是统一的东西，写的只是一些不确定的文章。我们之前各有各的经历和研究工作。他在精神病学、政治学和哲学方面已提出很多概念。我曾写了《差异与重复》和《意义的逻辑》。我们并不像两个人合作那样。我们更像两条溪流殊途同归，形成"一个"第三条河流，就是我们。总之，"哲学"总有一个问题：如何解释"哲学"。第二阶段似乎是哲学的阶段。如果没有菲利克斯，这一阶段或许永不会开始，也永不会有所收获。

假定这之后便是第三个阶段。这一阶段与绘画和电影有关，表面上与影像有关。其实这是一些哲学著作。这是因为我认为概念包括另外两维，一维是感知，一维是情感。是这些使我感兴趣，而非影像。感知不是感觉，感知是在产生感觉和体会关系的人消失之后继续存在的那些感觉和关系。情感不是感情，它是一些生成，超越了经历过感情的人（他生成为他者）。英美的一些伟大小说家往往凭感知写作，克莱斯特（Kleist）、卡夫卡则往往根据情感写作。情感、感知和概念是不可分割的三种力量，它们从艺术走向哲学，从哲学走向艺术。最困难的显然是音乐，在《千高原》中对此有初步分析：间奏导致这三种力量。我们试图使间奏成为我们的主要概念之一，有小间奏和大间奏，这同辖域与地球相关。总之，所有三个阶段都在连绵延伸，相互混合，在现在这本关于莱布尼茨或关于褶子的著作中，我对此看得更加清楚。我还是说说我今后的打算吧。

——这不急。可否先谈谈您的生活？在您的著述与生活之间，难道就没有某种联系吗？

——教师生活很少是饶有趣味的。当然，有旅行，可教师为此付出的代价是议论、探讨、开研讨会、开圆桌会议，是的，没完没了地说。知识分子学问渊博，对什么都有可说的。我不是知识分子，因为我没有现成的学问，没有任何储备。我所知道的，只是眼前的研究需要我知道的。如果几年后我旧话重提，我还得一切从头学起。对某种思想或某种观点没有见解，是愉快的事。我们会为无所表达却又被迫表达而痛苦，却不会为不表达而痛苦。旅行就是去别的地方说些什么，然后再回来说些什么。如果不再回来，如果在那边定居，又当别论。我不是很热衷旅行，不应该过分移动，不要惊扰到各种生成。汤因比的一句话令我印象至深："游牧者是那些不移动的人（因为他们拒绝走开，所以他们变成游牧者）。"

如果您要把著述-生活的原则用在我的身上，我发现我的处女作写得相当早。以后八年中只字未写。这八年当中，自己做了什么，在何处和如何生活，我是知道的，但很抽象，有些像别人向我讲述的那些我相信但并不真正记得的往事。这仿佛是我生活的一个空白，八年的空白。我觉得，在一些人的人生中，有趣的正是这些空白，这些有时富于戏剧性而有时又缺乏戏剧性的空白。大多数人的生活都有几年僵直性昏迷症或梦游一类的病症。可能运动正在这些空白中进行。因为问题正在于如何运动，如何穿过墙壁而停止以头撞壁。这种方式可能就是不过分移动，不过多讲话，避免运动失误，停留在没有记忆的地方。菲茨杰拉德有一篇精彩的短篇小说：一个人带着十年的空白漫步城里。也有相反的情况，不是空白，而是超量的、横溢的、泛滥的、已不知置于何处也不知位于何地的记忆。（我也有过这种情况，可那是在什么时候呢？）人们不知该拿这些记忆怎么办，它们太多了。那是在 7 岁时，在 14 岁时，在 40 岁的时候？记忆缺失症和记忆强迫症是人生的两大趣事。

——您特别针对在电视上发言做了批评。在您为塞尔日·达内的著作《电影日记》所写的序言中，您对此有所论述。但是哲学家是怎样交流的？应该怎样交流呢？自柏拉图以来，哲学家总是写书，用著作表达。至今未变。但是现在正分出两类哲学家。一类被人们称为哲学家，一类自称为哲学家。一类在讲课，坚持讲课，在大学占一席之地并认为这很重要。一类不讲课，也许甚至拒绝讲课，而是奋力占据大众传播媒体，这是"新哲学家"。似乎应该将您归于第一类——您甚至写过一本"小册子"反对"新哲学家"。您认为讲课是什么？在此活动中有什么是不可替代的？

——讲课是我整个生活的一部分，我是以极大的热情讲课的。讲课不同于讲座，因为讲课需要一个长的时期，一些相对经常听课的学生，有时课程延续几年。课堂像是一个进行研究的实验室，人们讲授所研究的东西，而非所知道的东西。要获得几分钟的灵感需要很长时间的准备。当我看到，为获得更痛苦的启示，我必须做越来越多的准备时，我真想洗手不干了。前景是暗淡的，因为在法国的大学里做研究日益困难。

讲课是一种"诵唱",较之戏剧它更贴近音乐。或者说,讲课有点像摇滚音乐会。原则上,没有任何东西可以使人反对这样说。应该说,万森巴黎第八大学具备许多特殊条件(我们被迫迁到圣德尼时依然如此)。在哲学上,我们弃绝了"知识的循序渐进"原则:同一课程同时面向低年级和高年级的学生,大学生和非大学生,搞哲学的和不搞哲学的,年轻人和老年人。这些人来自不同的国家,有许多年轻的画家、音乐家、电影人或建筑师渴求思想。那是一些长期的课程,听课者并不是无所不听,而是各取所需,取其需要的、想要的、有用的、甚至与其专业相距甚远。曾有过一个直接参与的时期,往往是精神分裂式的。后来盒式磁带的时代来临,但是即使在此时代,也常在某个星期里以杂谈的方式进行直接参与。

我从未对公众说过,他们对我意味着什么,他们给了我什么。这与争论毫无相像之处。哲学与争论风马牛不相及。要理解某人提出了什么问题,他是如何提出问题的,这已经相当困难了。要做的只应该是使问题的内涵丰富起来,使问题的条件多样化起来,是进行补充和联系,而不是争论。这好像是一个回音室,一个圆环,在其中,一个观念的折返就像经过几次过滤。我正是在这里明白了在何种程度上,哲学不仅需要哲学的理解，即通过概念进行理解，也需要非哲学的理解，即通过感知和情感进行理解。两者都需要。哲学与非哲学有着本质的和积极的联系：哲学直接面向非哲学。斯宾诺莎便是最令人惊异的一例。他是绝对的哲学家，《伦理学》是一部概念的巨著。但是这位最纯粹的哲学家也是最面向公众的人：不论何人，只要肯听他那煽风点火般的鼓动，就能读懂《伦理学》。尼采也是一例。而与此相反，有一种过度的知识，它扼杀了哲学中有生命力的东西。非哲学的理解并不是不充分的或者暂时的，它是两半中的一半，两翼中的一翼。

——在《差异与重复》的前言中，您说道："这样的时刻临近了：人们几乎不可能再像长期以来那样写哲学书了。"您补充说，尼采所开创的对哲学表达新手段的研究应该继续下去，应该与戏剧或电影等"一些其他艺术"的发展相称。您将博尔赫斯比作一种处理哲学史的方式的样板（就像福柯在《词与物》中的导言中就自己的方法所做的那样）。十二年后，您说出《千高原》的十五座"高原"：人们几乎可以不加联系地单独阅读它们，只不过结论只能在结尾读到，在结论中，您把前面那些高原的编号绕成一个疯狂的圆舞。这好像出于必须同时接受次序和非次序的意志，不向两者的任一方单独让步。您现在如何看一部哲学著作的哲学风格、结构风格和写作风格呢？从此问题出发，两人合著意味着什么？两人合著在哲学史上是极其特殊的，特别是写的并不是对话体。你们是如何写的呢？出于何种需要？谁是这些著作的作者？它们有一个作者吗？

——大哲学家都是独具风格的大手笔。哲学的风格，就是概念的运动。当然，概念并不能脱离语句而存在，但是语句的目标只是赋予概念以生命，一种独立的生命。风格就是语言的多样化，是变化，是整个语言向外的趋向。哲学如同小说，人们必须想，"将会发生什么？""发生了什么？"只不过人物是概念，环境、境况是空间-时间。写作总是为了赋予生命，为了将禁锢的生命解放出来，为了开辟逃逸的路线。为此，语言不可以是一个同质的系统，而应该是一个不均衡的、异质的系统。风格在这个系统中凿出凹凸不平的可能性的差异，而在这些差异之间可以经过和发生某事物，会出现一道闪光，它将脱离语言本身，使我们看到和想到隐蔽在词语四周阴影中的东西，那些我几乎不曾揣测到其存在的实体。两种东西与风格相对立：一种同质的语言，或者相反，当异质性如此巨大时，它变成无目的性的、非理性的，任何确切的东西都无法在极端之中通过。主句与从句之间必须有一种张力，一种"Z"字形的曲线，即使是而且特别是当句子看起来是直线的时候。当字词产生出一种虽相距遥远也能由此及彼的闪光时，便有了一种风格。

由此来看，两人合著并不构成什么特殊的问题。但是，如果我们俩完全是个人的，有各自的生活，有各自的观点，试图与另一人合作，进行争论和探讨，那就会有问题了。当我说我和菲利克斯更像是溪流时，我是想说个性化并不一定就是个人的。我们根本不确信我们是个人。一股气流，一阵风，某一天，一天中的某个时刻，一条溪流，一个地方，一次战役，一种疾病，都有一种非个体的个性。它们都有自己的名称。我们称这些事物为"个性事物"。它们的组合就像两条溪流的组合，就像两条河的组合，浑然一体，天然而成。是这些事物在语言中表达自己，是这些事物在语言中凿出差异。然而又是语言赋予它们一种属于自己、具有个性的生命，使某种东西在它们中间通过。在表达意见的层面上，一个人讲话，就如同大家讲话一样，一个人说"我"，说"我是个人"，就如同说"太阳升起来了"一样，那只是一种表述。但是，我们对他说的"我"并不确信，那不是一个准确的概念。菲利克斯和我，以及许多像我们一样的人，我们恰恰不觉得自己是个人。更应该说我们具有事件的个性。这并非大话，因为事件可以是微不足道的。我在我所有的著作中都在寻找事件的本质，这是一个哲学概念，是唯一可以罢黜动词être（是、存在）和表语的概念。在此方面，两人合写变得完全正常了。只需有某种事物，有某种具有独特名称的水流，就可以合写著作。即使当一个人认为是独自一人在著书立说时，其实他也往往是在与一个不可命名的另外一个人在一起写书。

在《意义的逻辑》中，我曾试用一种连续的结构。《千高原》则较为复杂，"高原"并不是隐喻，这是一些持续变异的区域，或像一些塔，每座塔都监视或俯视一个区，塔与塔相互之间发出信号。这是一种印第安人或热那亚人的作品。我觉得正是在此，我们更接近一种风格，也就是说更接近一种多调性。

——您有许多关于文学的著作，几乎堪与哲学相提并论。例如《论马佐赫》《普鲁斯特与符号》《意义的逻辑》的大部分（谈到刘易斯·卡罗尔、克洛索夫斯基、米歇尔·图尼埃、左拉），与加塔里合写的关于卡夫卡的著作，《对话》中的一章（关于英美文学的优势），《千高原》中的许多片段，等等，不胜枚举。然而这些并未产生出堪与您有关电影的主要著作和有关《意义的逻辑》的次要著作相提并论的东西。而《意义的逻辑》只是从一个画家的创作出发：安排一种艺术形式，布置一种表现平面，使它们理性化。莫非文学过于贴近哲学，过于贴近哲学表达本身，以至它只能曲折地伴随您运动的全部？或者有其他原因？

——我不知道，我不认为有这种差异。我本幻想在"批评与临床医学"这一总目下有一整套的著作。这并不是说大作家、大艺术家就是病人，哪怕是卓越的病人，也不是说要在他们身上找寻神经症或精神病的痕迹，就像在他们的作品中找寻秘密、密码那样。这些人不是病人，相反，他们是医生，相当特殊的医生。为什么马佐赫以自己的名字命名一种自古有之的性反常？这并不是因为他有这种反常病，而是因为他重新提出其症状，描绘病源，将契约变成关键符号，并将性受虐狂的行为与少数派的地位及妇女的作用联系起来：性受虐狂成为一种反抗行为，与少数派的性情不可分。马佐赫是一个症状学专家。在普鲁斯特的作品中，被探索的不是记忆，而是各种各样的符号，应该根据环境发现这些符号的性质、传播方式、物质材料、流动状况。《追忆似水年华》是一种普通符号学，一种世界万物的症状学。卡夫卡的作品是对等待我们的所有邪恶力量的诊断。尼采说，艺术家或哲学家是文明的医生。如果是这样，他们必然对精神分析不大感兴趣。在精神分析中，有一种对秘密的化简，有一种对符号和症候的错误理解，一切都被归结为劳伦斯（Lawrence）所说的"肮脏的小秘密"。

这不仅是诊断的问题。符号反映生命的方式，反映存在的可能性，是勃发的或衰竭的生命的症状。而艺术家不能局限于衰竭的生命，也不能局限于个人的生命。人们并不是根据自我的记忆或疾病而写作。在写作行为中，有一种企图：将生命变为最个人化的东西，将生命从禁锢中解放出来。艺术家或哲学家往往体弱多病、动辄失衡，斯宾诺莎、尼采、劳伦斯，莫不如此。然而，折磨他们的，并不是死亡，而是他们看到的、感到的或想到的生命的过度。生命对他们来说实在太庞大了，正是通过他们，"符号近在眼前"，查拉图斯特拉的结尾，《伦理学》的第五卷，皆是例子。他们参照一种未来的、尚无语言的人进行写作。创造不是交流，而是抵抗。符号、事件、生命、生机论之间有着深刻的联系。这是一种无器官生命的力量，这种力量可以存在于绘画的线条、文学的陈述和音乐的乐句里。消亡的是器官，不是生命。作品无不为生命指出出路，无不在纵横的道路中间指出一条通路。我写的一切都是生机论的——至少我希望如此，都构成一种符号和事件的理论。我不认为在文学上和在其他艺术上会有不同的问题，我只是尚无机会为文学写出一本我想写的书。

——在《差异与重复》和《意义的逻辑》中尚存有精神

分析，虽然那是以一种奇特的方式存在的。自《资本主义与精神分裂》的第一卷《反俄狄浦斯》之后，精神分析便明确成了要被打倒的敌人。然而它却变得更加根深蒂固了，只有摆脱它才能重新思考某些事物，乃至重新思考。这一切是如何发生的？为什么《反俄狄浦斯》是1968年五月风暴的第一部哲学巨著，甚而是这一风暴的第一部真正的哲学宣言？这部著作直截了当地说，未来并不存在于某种弗洛伊德-马克思主义的综合思想体系中。它挣脱了弗洛伊德（拉康及其结构），就像人们已相信"新哲学家"即将挣脱马克思（和革命）。这看起来是一种奇特的类比，您对此有何看法？

——很奇怪，并不是我使菲利克斯离开精神分析，而是菲利克斯使我离开了精神分析。在我关于马佐赫的著作以及《意义的逻辑》中，我认为取得了关于性施虐-受虐狂的假统一或者关于事件的一些成果，这些成果虽与精神分析不相符，但可与之相容。相反，菲利克斯曾是而且一直是精神分析学者，是拉康的弟子，一个已知没有相容可能的弟子。《反俄狄浦斯》是一种自行的决裂，这从两个主题出发：其一，无意识不是一个舞台，而是一个工厂，一台进行生产的机器；其二，无意识不是发出关于爸爸-妈妈的谵妄，而是发出关于种族、部族、大陆、历史和地理的谵妄，发出一种对社会场的谵妄。我们探寻一种内在的概念，一种无意识综合的内在运用，一种无意识的生产主义或构成主义。于是我们发现精神分析从来不明白一个泛指的不定冠词（一名儿童）、一种生成（动物的生成，与动物的关系）、一种欲望、一个句子，都意味着什么。我们最近一篇关于精神分析的文章是谈狼人，这篇文章收在《千高原》里。我们谈到精神分析何以无法思考复数或多数，何以无法思考狼群而只能思考单一的狼，何以无法思考尸骨堆而只思考单一的尸骨。

我们觉得精神分析好像是一种将欲望拖入绝境、使人们不能畅所欲言的虚幻之物。这是一种反生命的东西，一种对死亡、戒律和阉割的颂歌，一种超验的渴望，一种教士的神职，一种心理学（神父的心理学）。如果说这本书是1968年风暴以后尚有一定分量的著作，那确实是因为此书与弗洛伊德-马克思主义的企图决裂：我们既未试图将层面分类，也未试图使层面一致，相反，我们试图按照一种流（flux）的逻辑，将一种既是社会的也是欲望的生产摆在同一平面上。谵妄在实在中发生，除实在之外，我们不知道有其他之物，想象和象征在我们看来属于虚假范畴。《反俄狄浦斯》是实在的单义性，是一种关于无意识的斯宾诺莎主义。我认为1968年风暴即是这一发现的本身。那些对1968年风暴心怀仇恨或加以否定的人认为这是象征的或想象的。然而恰恰不是这样。

这是纯粹实在的闯入。无论如何，在关于弗洛伊德的《反俄狄浦斯》的尝试和关于马克思的"新哲学家"的尝试之间，我看不出丝毫的类似之处。如果说《反俄狄浦斯》声称批判精神分析，那是以无意识的概念为根据的。正确也罢，不正确也罢，书中对这种概念进行了详细的剖析。而"新哲学家"们在反对马克思时，却未对资本做任何分析，资本在他们的著作中神秘地消失得无影无踪。他们把斯大林的政治和伦理后果归咎为马克思。他们更接近那些将道德沦丧的后果归咎于弗洛伊德的人。而这与哲学毫无关系。

——您经常提及内在性（immanence）。这似乎是您最特有的思想：没有缺之，没有否定，系统地排除一切超验的企图。我们想问您：是这样吗？这怎么可能呢？更何况，虽然这种内在性是普遍的，而您的概念却是部分的和局部的。自《意义的逻辑》之后，您似乎一直想以新书创造出一套概念。人们当然观察到一些移位，一些交叉。但是，在总体上，有关电影的著作的词汇与《意义的逻辑》的词汇并不相同，而《意义的逻辑》与《资本主义与精神分裂》的词汇也不同。仿佛您重新提出概念，并不是为了变得明确、高雅、复杂、登峰造极，而每次是为了形成一个独特的身体，一个特殊的创造层面。这是否意味着这些概念不宜在一个整体的表达中重提呢？抑或这仅仅是不做任何预先判断而产生一个最大的开口呢？这又如何与内在性相统一？

——竖起内在性平面，画出内在性场，我所谈到的所有作者都是这样做的（即使是康德也在说明先验综合的应用时这样做了，只是他坚持可能的经验而非现实的经验化）。抽象解释不了任何东西，它自己还需解释。没有普遍，没有先验，没有一，没有主体（也没有客体），没有理性，只有过程，过程是能够统一化、主体化、理性化的，但也仅此而已。这些过程在具体的"多"中活动，多才是使某种事物发生的真正因素。多充盈在内在的场中，这有点像部落居于沙漠之中，而沙漠依然是沙漠。内在性平面必须是建构而成的，内在性是一种构成主义，每个可指定的多都如同平面的一个区域。所有的过程都在内在性平面和一个可指定的多之上产生。统一化、主体化、合理化、中心化等没有任何特权，它们往往是绝路或死路，阻止多的发展，阻止多的线路延伸和扩展，阻止新的产生。

当我们求助先验时，便制止了运动，便引入了一种解释而不是一种实验。在电影的问题上，在影像流的问题上，贝鲁尔（Bellour）已经清楚地指明了这一点。事实上，解释总是以假定缺乏的某种东西的名义而进行的。多所缺乏的正是统一，如同事件所缺乏的是主体（比如，"下雨了"）。当然，存在着一些缺乏现象，但这是从抽象的角度去看，是从超验的——哪怕是自我超验的——角度去看，是每当人们被阻止构建内在性平面的时候。过程是生成，生成不以终止的结果判断，而以进程的特性和持续力判断，动物-生成或无主体的个体化即是如此。就是在此意义上，我们将根茎与树木对立起来，因为树木，或更确切地说树状结晶，是暂时制止根茎及其变化的临时界限。没有普遍，只有单一性。一种概念不是一种普遍，而是一个由各种单一性组成的集合，其中每一个单一性都延伸至与另一个单一性相接。

我们仍以作为概念的间奏（ritournelle）为例，间奏与辖域是有关系的。辖域里有间奏，间奏标明辖域。但是当人们企图返回辖域或恐惧夜晚时，亦有间奏。而当人们离开辖域、与之告别时，仍有间奏。可以说间奏已经在三种状态下出现。这是间奏在表达辖域与某种更为深刻的东西的紧张关系，这个更为深刻的东西便是地球。而地球是非辖域化的，地球与偏离自己轨道运动的非辖域化过程是不可分割的。这就是各自延伸、彼此相接的特殊的集合体，这就是那种反映事件的概念，是一种浪漫曲。一首歌响起，接近或远去。这便是在内在性平面上所发生的：一些多充盈在上面，一些单一性集中在一起，一些过程或生成在发展，一些强度在上升或下降。

我将哲学构想成一种多的逻辑（在这方面我觉得自己更接近米歇尔·塞尔）。创造概念，就是构建一个内在性平面上的区域，在前面的区域加上一个区域，探索一个新的区域，填补空缺。概念是一种复合体，是一种线的、曲线的并合。概念之所以必须经常更新，正是因为内在性平面是由区域构成的，它具有一种局部结构，一步一步地构成。这就是为什么概念成串地发生作用；在《千高原》中，每座高原都应该是这样的一串。然而这并不是说概念不是重复性和系统性的对象。相反，概念的力量就是重复：这便是一个区域与另一个区域的对接，这种对接是一种不可缺少的、永久的运作，因为世界如同拼图。你的双重印象是正确的，因为它来自单一的内在性平面并且概念总是局部的。

我用构建主义代替反思。我用某种表现主义代替交流。哲学上的表现主义在斯宾诺莎和莱布尼茨的著作中达到顶峰。我认为，我们从表现主义中得到一种他者的概念，他者可以定义为某种既非客体也非主体，而是一种可能世界的表现。一个患有牙痛的人，也可以是一个走在街上的日本人，他们表现出一些可能的世界。这时他们讲话：对我谈起日本，甚至是那位日本人向我谈起日本，或者他用的还是日语：语言此时的意义是把现实赋予一个可能的世界，而这是作为可能的可能之现实（如果我去日本，这反而不再是可能）。即使以一种十分简单的方式，内在性平面对可能世界的包容也将表现主义变成了构建主义的补充。

——但是，这种创造新概念的必要是从何而来的呢？哲学存在着"进步"吗？您如何给哲学的任务、必要性，乃至它今天的"规划"下定义？

——我想，有一种曾在历史上变化多端而现在仍然变化多端的思想形象。所谓思想的形象，我指的不是方法，而是某种更深刻、总是预先假定的东西，是某种坐标系，某些活力，某些方向：是思考意味着什么，"思想中的转向"。总之，人们是在内在性平面上，然而是为了在此平面立起垂直，竖立自我呢，抑或相反，是为了延伸，沿水平线奔跑，永将平面推至更远呢？是些什么样的垂直？它们是否给予我们某种可深思的东西？或者它们是否使我们反思或交流呢？要这样，莫非一定要消除作为超验的一切垂直？莫非我们必须横陈地上，拥抱大地，不看，不思，被夺走交流？再有，我们仍有友人和我们在一起呢，还是孤家寡人？自我＝自我，还是别人的情人或别的什么东西？还有，有何种可能自我背叛、被背叛或背叛别人？难道就没有必须提防朋友的一刻吗？给哲学的"爱"（philo）赋予何种意义呢？尽管友谊总是与思想相关，但是友谊在柏拉图和布朗肖的著作中具有相同的含义吗？自恩培多克勒以来，有着一整套思想的剧场艺术。

思想的形象如同哲学的预先假定，它在哲学的前面。这不是一种非哲学的理解，而是一种前哲学的理解。对许多人来说，思想便是"讨论一下"。当然，这是一种愚蠢的形象，可即便是愚蠢的人也给自己建立起一种思想形象，也只有建立起思想形象之后，才能确定哲学的条件。而我们给自己建立起的思想形象与柏拉图乃至笛卡尔或康德所建立的思想形象是否相同呢？思想形象难道不随着强制性的约束而变化吗？这些强制性约束固然解释了一些外部决定论，但是更解释了一些思想的生成。再一个问题：为什么我们这些在无意义中挣扎的人仍然宣称自己在寻找真实？

是思想形象在指引概念的创造。思想形象犹如呐喊，而概念则是歌曲。哲学存在着某种进步吗？对此问题，应该像罗伯-格里耶回答关于小说的问题时那样回答：没有任何理由像柏拉图曾做过的那样去做哲学，这并不是因为我们超越了柏拉图，而是相反，因为柏拉图是不可超越的，重复柏拉图已经完成的工作是毫无意义的。我们只能选择其一：或者哲学史，或者把早已不是柏拉图的问题嫁接于柏拉图。

这种对思想形象的研究，或可称之为努斯学（noologie），这也许就是哲学的前言。思想形象中的公设是《差异与重复》

的真正研究对象。在《意义的逻辑》中，我被这一问题所萦绕，书中的高、深或平面是思想的坐标。我在《普鲁斯特与符号》中重又提出这一问题，因为普鲁斯特将符号的全部潜力与希腊的形象相对立。我与菲利克斯在《千高原》中又遇到这个问题，因为根茎是在树的形象下扩展的思想形象。在这个问题上，我们有的不是一种模式，甚至不是一种指南，而是一种所指的对象，一种要不断操作的交叉：这就是到目前为止我们所掌握的有关大脑的知识。

哲学与神经学有着某种特殊的关系，这一点可见诸观念联想论者、叔本华或柏格森的著作。现在，给我们灵感的，不是计算机，而是大脑微生物学，大脑微生物学比树木更像根茎，更像草，更像"某种不确立的系统"，具有一些可能的、半偶然的、量的机制。

我们并不是按照我们对大脑所了解的那样去思想，而是一切新思想都在大脑中活生生地画出陌生的沟痕，都在扭动大脑，都在折叠或劈开大脑。这方面有米肖的奇迹。新的联系，新的交接，新的接合，这便是哲学在创造概念时所调动起来的，而这也完全是一种形象，一种这样的形象：大脑生物学以其独特的方式从中发现客观的物质相似性或潜能材料。

电影中令我感兴趣的是，银幕可以是一个大脑，雷乃或西贝尔贝格的电影即如此。电影不仅采用了理性剪切的成串连接，也采用了非理性剪切的成串再连接：这不是同一思想形象。在最初剪下的胶片中，有意思的是某些胶片给人以这样的印象：那些剪接已不再是清醒的剪接，但也不是幻梦的或者是噩梦的剪接。有一刻，这些剪接已经轻轻掠过一种是思想的东西。我想说的全部意思是：思想的某种神秘形象总是通过其发展、分叉和突变来启示人们认识永远创造新概念的必要，新概念并不是按照某种外部决定论，而是按照引发问题本身的某种生成被创造出来的。

——您上一部著作是关于福柯的。这是否属于一部哲学史作品？为什么写福柯？你们俩的哲学有何关联？您在《福柯》一书中引入了褶子的概念。是否有一种福柯-莱布尼茨关系？

——福柯是伟大的哲学家，也是出众的风格大师。他别出心裁，剪散了知识、权力，发现了它们之间的特殊关系。由于他，哲学有了一种新的意义。此外，他将主体化进程作为"装置"的第三维度，作为再次推动知识、重新修改权力的鲜明的第三项而引入。他由此展示了生存方式的整个理论及其全部历史，展示了希腊的主体化，基督教的主体化……他的方法摒弃了普遍，找到了发生在多之中的某些永远特殊的过程。对我影响最大的，是他的陈述理论，因为这一理论包含着一种大杂烩式的语言的概念，可以使人设想在一切领域中新型陈述的形成。他的"文学"作品、文学和艺术批评的重要价值，只是在这些文章汇集到一起时方显露出来。《无耻者的一生》堪称是一部喜剧与美的杰作，福柯的著作中有某种近似于契诃夫的地方。

我写的这本书不是哲学史，我本想同福柯一道，用我从他那里获得的思想，以我对他的景仰而写成书。假如这本书能具有诗意，那也只能是诗人称为"坟墓"的东西。我们的差异是非常次要的，他称为装置的和我与菲利克斯称为配置（agencement）的，并没有相同的坐标，因为他建立了一些原创的历史序列，而我们更注重地理构成，即辖域和解辖域运动。我们曾一直对普遍历史感兴趣，他则讨厌普遍历史。但是我有一个必不可少的信念：我能够理解他的所作所为。他往往不被人理解，这对他并没有什么影响，只是令他感到困惑不解。他令人敬畏，也就是说，仅仅是他的存在就足以阻止白痴们做出无耻之举。福柯担负起尼采所确定的哲学责任，那就是"加害愚蠢"。在他的著作中，思想如同潜水，总要将一些东西带回到光天化日之下。它是这样的一种思想：它折叠起来，然后突然像弹簧一样松开。我并不认为莱布尼茨对他有特别的影响。但是莱布尼茨的一句话对他特别合适：我总以为自己抵达了港口，可总是发现自己又被抛回大海。像福柯这样的思想家们总是生活在危机与震撼之中。他们身上有着某种类似地震的东西。

福柯所开辟的最后的道路是异常丰富多彩的：主体化进程与"私人生活"毫不相关，主体化进程指的是，一些个人或一些社会体，在已构成的知识和已建成的权力之外，甚而以不惜创立新的知识和权力为代价，构建主体的行动。这就是为什么主体化总是以第三者的姿态，以"逃逸者"的姿态来到某种折叠、折合或褶皱之中。福柯确定了第一个主体化运动，至少是西方的、希腊人中的第一个主体化运动，是自由人设想，如果他们想要控制他人，他们就必须"控制自己"。然而主体化是多种多样的，因此福柯对基督教产生了兴趣：基督教将会经历这样的个体（修士）或集体（修会）的过程，更不必说将会经历异端和改革，而戒律将不再是控制自己。或许甚至应该说，在许多社会构成中，不是社会的主人而是社会的被排斥者构成了主体化的策源地。例如那些获得自由的奴隶，他们抱怨曾在既定的秩序中失去一切社会地位，他们将会处在新权力的起源。抱怨具有一种重大意义，不仅是诗意的而且是历史和社会的，因为抱怨表现了一个主体化的运动（"可怜的自我"）：这里有一种完全是哀歌式的主体性。主体就像诞生在激奋中一样，也诞生在抱怨中。福柯曾着迷于这些正在现代社会中显现的主体化运动：正在产生主体化的现代过程是什么？如果有人说福柯回归到主体，那是因为他们根本没有看到他所提出的问题。对此进行争论是多余的。

——的确，在《反俄狄浦斯》中可以清楚地看到一些普遍历史的片段，它们与被编码的社会、与超编码所表示的国家和对"流"进行解码的资本主义截然不同。以后在《千高原》中，您又重提这一主题，引出游牧的战争机器与定居的国家的对立：您提出一种"游牧学"。但是否由此引出一些政治立场呢？您与福柯曾同是"监狱信息小组"的成员，您曾是反失业委员会委员的候选人，您曾采取支持巴勒斯坦的立场。但是自从1968年风暴之后，您却总是"沉默"，比加塔里更加沉默。您与人权运动、与法治国家的哲学都毫无关系。这是因为您有所保留，感到失望，有意如此吗？莫非其中没有哲学家可扮演的角色？

——如果只是重复先验或普遍，重建权利承载者的反思主体，或是建立一种交流的主体间性，那就不是伟大的哲学发明。人们想建立一种"共识"，但是"共识"是与哲学毫不相关的一种意见的理念规范。这也可以说是一种促销-哲学，其矛头往往是指向苏联的。埃瓦尔德曾指明何以人的权利并不囿于权利的主体，而且提出一些更令人关注的法律问题。在很多情况下，践踏人权的国家是依仗人权的国家的衍生品或附属物，两者具有互补的功能。

只有联系其外界——单一的世界市场，只有联系其内界——少数、生成、"人"，才能设想国家。是金钱在统治着外界，是金钱在交际，我们现在所缺乏的，绝不是一种马克思主义的批判，而是一种同马克思主义同样好并能使之延续的关于金钱的理论［银行家将比经济学家更适合提供有关素材，尽管经济学家伯纳德·施密特（Bernard Schmitt）在这方面已经走在前面］。在内界，是生成逃脱控制，是少数在不断地重现并进行抵抗。生成与历史完全不是一回事。两者结构相同，但是历史更经常地用过去、现在和将来的语汇进行思考。人们告诉我们说，革命不会有好结果，或者说革命的未来孕育出魔鬼，这是一个旧观念。人们不用等到斯大林、拿破仑、克伦威尔就已经证明。当人们说革命的前途暗淡时，人们尚未说出关于人的革命生成的任何东西。游牧者之所以曾使我们那么感兴趣，是因为他们是一种生成，而不是历史的一部分；他们被排斥在历史之外，但是他们化成一些意想不到的形式，重现在社会场的逃逸线里。这甚至就是我们与福柯的不同点之一：在他看来，一个社会场充满着策略；在我们看来，它漏洞百出。1968年五月风暴是一个闯入历史的生成，因此历史对它是那么难以理解，历史化的社会对它是那么难以认识。

人们同我们讲欧洲的未来，讲银行、保险、内部市场、企业、警察等共识的必要性，总是"共识"，但是人的生成呢？欧洲又在为我们准备像是1968年风暴那样的奇特生成吗？人将生成什么呢？这是充满意外的问题，这不是未来的问题，而是现实的或不协调的问题。巴勒斯坦是中东的不协调，他们将辖域问题提到了最高。在非法治国家，重要的是解放过程的性质，这些过程必然是游牧式的。而在法治国家，重要的不是已获得的并法典化的权利，而是目前对权利构成问题并由此而有可能使获得的成果被质疑的一切。我们现在不乏此类问题，民法典趋于崩溃，刑法典在遭遇与监狱危机同等的危机。创造法律的，不是法典或宣言，而是法律判例。法律判例是权利哲学，源于单一性，是单一性的延伸。当然，这一切都可能招致人们"采取某种立场"，如果人们有话要说的话。但是，现如今只有"立场"是不够的，即使是具体的立场。必须对表达手段有起码的控制。否则，人们很快就会发现自己正在电视里回答一些愚蠢的问题，或者正在"面对面"或"背对背"地"空加议论"。那么，是否可以参与节目的制作呢？这很难。节目制作是一种行当，我们甚至不是电视的客户，真正的客户是那些广告商，是那些众所周知的自由派。哲学家受赞助，后背印满品牌商标，这不会是令人愉快的，但也许已经这样做了。人们说什么知识分子的逆来顺受，然而知识分子如何能用冒犯一切思想的一般手段表达自己呢？我认为哲学既不缺少公众，也不缺乏宣传，只是哲学像是思想的隐秘状态，像是游牧状态。我们所能希望的唯一的沟通，作为完全适应现代世界的沟通，便是阿多诺的方式，即将密封瓶投入大海；或者是尼采的方式，即由一位思想家射出箭，而由另一位思想家将箭拾起。

——《褶子》是关于莱布尼茨的一部著作（尽管他的名字只是在副标题中出现："莱布尼茨和巴洛克"）。此书似乎与您写的关于康德、柏格森、尼采、斯宾诺莎等哲学人物的一系列著作挂上了钩。但是人们明显感到，它远不是一本某人的关于什么的书。或可说，关于莱布尼茨的论述和关于您的思想整体的论述，两者都同时达到淋漓尽致的程度。您的思想整体比以往任何时候都更加完全地表现出来。您对这种巧合有何感想呢？通过与莱布尼茨的概念的共谋，这本书重新整合了出自您其他著作的概念，又十分灵巧地运用了所有的已知材料，产生出一种更具全面性的新的假设。

——莱布尼茨很吸引人，因为也许没有任何一个哲学家比他创造出更多的东西。表面上，这是一些非常奇怪的、甚至是不可思议的概念。它们的统一性似乎是抽象的，属于"所有谓词均在主语之内"的类型，只是谓词并不是一种属性，而是事件，主语并不是一个主体，而是一种外包装。然而，却有一种概念的具体统一性，有一种在此平面上产生的行动和构建，有褶皱，有大地的褶皱、组织的褶皱、灵魂的褶皱。在莱布尼茨的著作中，一切都在折叠，展平，再折叠，人们在褶皱中感知，世界被叠进每个按时空次序（和谐地）展平某一区域的灵魂之中。人们顿时便可以推定一个非哲学的情景，莱布尼茨将我们送入这个情景之中，就像将我们送入一个"既无门也无窗"的巴洛克教堂之中，这里的一切都是内部的，或者说这里的一切都像一首从旋律中汲取了和谐的音乐。是巴洛克将褶皱无限提高，人们见之于格里科（Greco）的绘画中，贝尼尼（Bernin）的雕塑中，这给我们打开了感知和情感的非哲学理解之门。

此书对我来说，既是一种总结，又是一种跟随。应该全面跟随莱布尼茨（他无疑是拥有最多创作者弟子的哲学家），不仅在其弟子之中，也在响应他的那些艺术家之中，尽管这些艺术家并未意识到这一点，诸如马拉美、普鲁斯特、米肖、汉泰（Hantaï）、布列兹（Boulez）等所有那些塑造出一个褶皱和平展的世界的人们。这一切都是交叉路口，都是多点的连接。今天，褶皱远未耗尽其全部的潜能，这是一个出色的哲学概念。我是按此方向写这本书的，它使我获得了自由，可以做我现在想做的事了。我很想写一本关于什么是哲学的书，不过篇幅要短。此外，在自然与人工的区别消失殆尽的时刻，我很想和加塔里重新开始我们的共同研究，研究一种自然哲学。这样一些计划对我的垂暮晚年来说已经足矣。

《文学杂志》(*Magazine littéraire*) 1988 年 9 月第 257 期，与雷蒙·贝鲁尔（Raymond Bellour）和弗朗索瓦·埃瓦尔德的访谈

14　关于莱布尼茨

——您一直说，研究哲学，就是像雕刻木头一样雕刻概念，总要创作出一些新的东西，这些东西能够回答现实问题的呼唤。褶皱的概念似乎尤为有效，因为这一源于莱布尼茨哲学的概念使得诸如米肖、博尔赫斯、莫里斯·勒布朗（Maurice Leblanc）、贡布罗维奇（Gombrowicz）、乔伊斯（Joyce）等人的作品具有了巴洛克的特色，并为它们开辟了广阔的天地。我非常想问您：一个运用得如此广泛而深入的概念，难道没有可能因其膨胀而丧失其价值，并招致人们对那些无所不解释的体系的批评吗？

——的确，处处有褶皱，岩石、江河、森林、组织、头颅或大脑、精神或思想、所谓的造型艺术作品……无处不在。但是褶皱并不因此而是一个普遍概念。我记得列维-斯特劳斯曾指出，必须将下面两个命题区别开来：唯有相似才有差异，唯有差异才相似。在前一种情况下，事物间的相似是第一位的，在另一种情况下，事物是有差异的，首先是与自身的差异。直线是相似的，但褶皱是有差异的，每个褶皱都不同。没有褶皱相同的两个东西，没有褶皱相同的两块岩石，同一事物也没有规则的褶皱。从这个意义上说，褶皱无所不在，但褶皱不是一个普遍概念。这是一种"区别"，一种"差别"。有两种概念：普遍与特殊。褶皱的概念总是一种特殊概念，它只有在变化中，在分叉中，在变形中才站得住脚。只要从褶皱的角度来理解、观察和感受山脉，便可以使山脉去掉其生硬性，使此亘古之物重焕青春，使其不再是持久不变之物，而变为纯粹现实的、柔韧之物。最动人心弦的莫过于那些似乎静止东西的不断运动。莱布尼茨会说，那是一个旋转成褶皱的粒子的舞蹈。

——您的整部著作都在说明莱布尼茨哲学如何能够通过褶皱的概念与非哲学的现实相接并对后者做出解释，单子如何能够反映在绘画、雕塑、建筑或文学作品中。但是莱布尼茨哲学也能解释我们的社会和政治世界吗？社会之所以能够变为人们所说的"黑暗大陆"，不正是使用力学或解剖学（马克思）的词汇对其进行思考的结果，而非使用褶皱、褶裥、纹理的词汇进行思考的结果吗？

——莱布尼茨最著名的命题是：每个灵魂或主体（单子）都是完全封闭的，没有门，也没有窗，其深沉的内里包容着整个世界；这个世界的一小部分，因人而异的一小部分被照亮。因此世界是折叠进每个灵魂中的，只是方式不同，因为褶皱的一小块被照亮。初看起来，这是一个非常奇特的概念。然而，哲学上总是如此，这是一个具体的境况。我试图指出，在巴洛克的建筑中，在巴洛克的"内部"中，在巴洛克的辉煌中，便是这种境况。但是，从事物产生褶皱的新方式来看，这也是我们现代人的境况。托尼·史密斯（Tony Smith）在极简艺术中提出如下情景：一辆轿车在漆黑的高速公路上疾驰，只有车灯照亮道路，只有柏油路面迎着挡风玻璃展开。这是单子的现代版，挡风玻璃起着小光区的作用。您在想我们能否在社会上和政治上对此加以理解。当然能够，巴洛克已经与一种政治、一种新的政治概念联系在一起。正是在我们的社会生活中，外窗系统趋向于被封闭的信息台所代替：人们阅读世界甚于观看世界。不仅有一种牵扯到组织的社会"形态学"，而且巴洛克也在城市规划和辖域整治的层面上发挥着作用。建筑从来都是一种政治，一切新的建筑都需要革命的力量，建筑可以说："我们需要人民"，即使建筑师本人并不是革命的。构成主义在它与布尔什维克革命的关系中与巴洛克进行了直接接触。人民，总是一种新浪潮，总是社会纹理上的一种新的褶皱；作品，总是新材料所特有的起皱。

——由于莱布尼茨，褶皱的概念自然而然地将您引向一种物质和活人的观念，并导致您肯定物质与生命、与有机体的亲缘关系。但是在读您的著作时，我屡次想到，您关于物质或活的有机体——以及感知或痛苦一类——的说法怎么能为当今的物理学家、生物学家、生理学家等所领会呢？"物质的科学的典型式样是'日本折纸术'"；"有生命物之所以含有一种精神，是因为蛋白质表现出一感知的、辨别的和区分的活动……"；"物质是结构……"；这类命题的目前状况是怎样的？

——弯曲一直是数学或函数理论的一个优先对象。物质不是由颗粒构成的，而如莱布尼茨所说是由越来越小的褶皱构成的，粒子和力的物理学可以赋予这种假设一种意义。有机体是形成内褶皱的舞台和因素，分子生物学便在其层面上遇到了这种现象，就像胚胎学在其层面上所遇到的那样：形态的发生总是褶皱的问题，托姆（Thom）的著作中便谈到这点。有机体的复杂概念在所有的地方都取得了具有决定意义的重要性。存在着一种分子感觉，这一思想很早便树立起来了。动物生态学家在给动物界下定义时，便采用了一种非常接近莱布尼茨的方式。他们指出，动物对一定数量的刺激——有时是非常少的刺激——有所反应，这些刺激在无边自然的黑暗深处构成其微弱的光亮。这当然并不是说他们在重复莱布尼茨所说的话。自17世纪的"预成论"到现在的遗传学，褶皱的性质、作用、意义都发生了变化。莱布尼茨本人并未创造出褶皱的概念及其活动，这些人们先前已在科学和艺术中有所认识。然而莱布尼茨却是将褶皱置于无限、将其"解放"的第一位思想家。同样，巴洛克代表了褶皱走向无限和溢出一切界限的第一个时代，这是格里科的时代，这是贝尼尼的时代。这就是为什么，即便当此褶皱因其变形的潜力而接受新的限定之时，莱布尼茨关于巴洛克的伟大论述仍保持着科学的现实性。在艺术上亦是如此。当然，在绘画上，汉泰的褶皱与格里科的褶皱是不同的。但是，正是这些巴洛克伟大画家将褶皱从小说、哥特风格和古典风格的束缚与限制中解放出来。就此而言，他们使各种新的奇遇变为可能，他们并不是使这些奇遇初露端倪，而是大开其门。马拉美、米肖皆为褶皱所萦绕，这并不是说他们就是莱布尼茨主义者，而是说他们做了一些与莱布尼茨相同的事情。非形象艺术由两种因素构成：褶皱的结构和形状。这并不意味着克利或杜布菲（Dubuffet）是巴洛克派。但是"符义小屋"却很像莱布尼茨单子的内部。倘若没有巴洛克和莱布尼茨，褶皱便不会获得随后使它创造出那么多新路的自主性。总之，褶皱在巴洛克中的升高和自主化以不同的节奏产生了艺术、科学和哲学的后果，这些后果远未终结，每次人们都从中发现一些莱布尼茨的"主题"。

——建构一种关于事件的理论对您来说不是一件新的工作。然而，是在《褶子》一书中这理论有了最为完善的表现形式，特别是您将莱布尼茨与怀特海（Whitehead）进行了对比。这里很难对您赋予事件的构成或条件加以概括。但是只要说您使用了外延、强度、个体、摄取等词汇，就足以使人明白您所说的事件并不是记者或大众传媒所追猎的那些事件。当媒体"盯住事件"时，媒体在捕捉什么呢？换言之，在何种条件下，媒体才能抓住您所说的"事件"呢？

——我不认为大众传媒能有多大的能力或本领抓住一个事件。首先，媒体往往表现开始或结尾，而一个事件，即使是短暂的，即使是瞬间的，也是持续的。其次，媒体总是要使事件具有戏剧性，而事件与空白时间（temps mort）是不可分的。空白时间不仅存在于事件的前后，而且就在事件之中，比如最突如其来的意外发生的那一刻，与巨大的空白时间融为一体，在一个长时间的悬置中，人们看着意外发生，成为尚未发生事件的旁观者。最普通的事件也使我们成为观察者，而媒体却将我们变成简单而被动的看客，乃至窥视者。格勒蒂森（Groethuysen）说，一切事件都可以说存在于什么事也没发生的时间之中。人们不知道存在于最意外事件之中的疯狂期待。能够抓住事件的是艺术，而非大众传播媒体：例如小津安二郎、安东尼奥尼用电影抓住了事件。而在他们的作品中，空白时间就不是在两个事件之间，而是在事件本身之中，空白时间令事件具有深度。我确实在事件概念上下了很大功夫，因为我不相信事物。《褶子》从其他的方面重又提出这一问题。书中我颇喜欢的句子是："今晚有音乐会。"在莱布尼茨的著作中，在怀特海的著作中，一切皆是事件。莱布尼茨称为谓词的，尤其不是一个属性，而是一个事件，"越过卢比孔河"。为此他们被迫修正了主体的概念：既然主体的谓词是事件，那么主体应该是什么呢？这好像是在巴洛克的箴言之中。

——我觉得，与其说《褶子》"打开"了您作品的"包装"，对您的作品进行了解释，倒不如说它包容进了您的作品。换言之，此书不是使人走向"德勒兹讲过的哲学"这一区域，而是使这一区域变为圆形，或者说将其"圈定"。褶子的概念反映在您最近的著作《福柯》中——思想在主体化进程中所采取的折叠，而对莱布尼茨的研究则反映在您的属于哲学史范围内的"系列"研究中，您相继研究了休谟、斯宾诺莎、康德、尼采、柏格森等哲学家。总而言之，《褶子》似乎与您的著作的任何一部分都配套，都能装配在一起，以致可以将您的著作比作这样一个闹钟——请原谅我的比喻：人们不大知道它在说什么（它的报时），但是它令人感兴趣，因为它提供了拆拆装装的无限可能性。我这样说是否完全错了？

——我很希望您的话是对的，我认为您的话是对的。各人有各人的思维习惯：我习惯于将事物想成一些有待梳理并有待重新刻画的线的整体。我不喜欢点，我觉得研究点是很荒谬的。并不是线在两点之间，而是点在若干条线的交叉处。线永远是不规则的，点只是线的弯曲。故而重要的不是开端和结尾，而是中间。事物和思想在中间生长和壮大，应该在中间置身，应该在中间折叠。这就是为什么一个多条线的整体可以包括传达哲学、哲学史，乃至历史、科学、艺术的回转、叠合、交叉和弯曲。这就像是这样一种运动的迂回：这种运动以旋风的方式占据空间，有可能出现在其间的任何一点上。

——但是点可不是随随便便的某个点。这里，点是莱布尼茨。莱布尼茨是众人皆知的，不过是通过《老实人》而闻名，是由于伏尔泰对其"可能存在的最好世界"的嘲笑而闻名。我要提出一个可笑的问题：一个哲学家受此嘲笑后会不会有损其身后的名声呢？

——但是伏尔泰也是哲学家，《老实人》是一部伟大的著作。对伏尔泰来说，嘲笑莱布尼茨是思想史上的那一个重大的时刻。伏尔泰代表了启蒙时代，也就是说，代表了一种启蒙的、物质与生命的、理性的、与巴洛克全然不同的状态，虽然莱布尼茨也为这个新时代的来临做了准备。在这样一个新的时代，神学理性崩溃了，变成了纯粹的人的理性。而巴洛克已经是一种神学理性的危机了：那是为重新建立一个正在崩溃的世界而进行的最后尝试。这有点像对精神分裂症的描述，人们常将所谓的巴洛克舞蹈与精神分裂状态相对照。当莱布尼茨说我们的世界是可能存在的最好世界时，应该看到"最好"在这里取代了传统的"善"，最好正意味着善的式微。莱布尼茨的思想是，我们的世界是最好的，并不是因为它受善的支配，而是因为它适合产生和接受新的东西，这是一个很有意思的观念，伏尔泰不会弃之若敝屣。人们距其赋予莱布尼茨的乐观主义是非常遥远的。更何况，在莱布尼茨的著作中，进步的一切可能性都构建在他对下地狱之罪所形成的巴洛克式的理解之上：是在下地狱者的背后出现了可能存在的最好世界，因为下地狱者放弃了自己的进步，由此而解放出无数的"进步性"。在此方面，《哲学家的公开信仰》(*Profession de foi du philosophe*)是一部杰作，贝拉瓦尔（Belaval）的译本非常出色。书中有一首魔鬼之歌，那无疑是关于恶的最精妙的文字。现在，进入危机的，正在崩溃的，已不再是神学的理性，而是人的理性，是启蒙时代的理性。在我们为救出或重建某些东西而进行尝试时，我们目睹了一种新巴洛克。与伏尔泰相比，这种新巴洛克也许会使我们更加接近莱布尼茨。

——您在出版《褶子》的同时，还发表了一本关于弗朗索瓦·夏特莱的哲学著作：《伯里克利和威尔第》(*Périclès et Verdi*)。是否可以这样理解：您在一部重要的哲学著作问世前后，分别写了关于您的故友福柯和夏特莱的书，您是想表达某种东西吗？您是希望在哲学和 / 或哲学著作中有这样的"音乐"吗？——据您所说，夏特莱将这种音乐描绘成"在声音物质中人的关系的创立"。

——您首先谈到了友谊。我写了一本关于福柯的书，后来又写了一本关于夏特莱的短文。对我而言，这并不单纯是对故友的致敬。关于福柯的书应该说是一本地道的哲学著作，名叫《福柯》是为了表明他没有成为历史学家，他一直不失为一个伟大的哲学家。弗朗索瓦·夏特莱更认为自己是哲学的"制作人"，有点像电影界所说的制片人。正是在电影界，许多电影导演希望建立新的"制片方式"、新的管理方式。我要证明的，非常简要地说，就是夏特莱的这一愿望并未取代哲学，而是相反，它导致了一种哲学，一种特殊的、精确的哲学。还有一个友谊的问题。友谊内在于哲学中，因为哲学家不是贤人，而是"朋友"。他是谁的、什么的朋友呢？科耶夫、布朗肖、马斯科罗（Mascolo）都在思想的深处提到了朋友这个问题。如果感觉不到这个问题，如果不回答这个问题——即使很难回答，就无法知道什么是哲学。您还提到音乐，因为夏特莱生活在音乐中。音乐是否也是这样：以哲学家为友呢？我认为这是肯定的：哲学是一首真正的无声的歌，它没有歌的音响，但是有着与音乐相同的运动感。莱布尼茨已经证明了这一点，与巴洛克音乐一样，他将和谐变为一个基本的概念。他使哲学

成为一种和弦的创造。那种不和谐的和弦，是否就是朋友
呢？这并不是将哲学放到音乐上面，更非相反。这里也是一
种折叠：就像布列兹对马拉美那样，《重重褶皱》*。

《解放报》1988 年 9 月 22 日，与罗贝尔·马焦里的访谈

---

* 《重重褶皱》(Pli selon Pli)，副标题为"马拉美的肖像"，是布列兹为女高音和
管弦乐队创作的一部作品，取材自马拉美的象征主义诗歌。——译者注

15　致里达·本·斯马依亚的信：关于斯宾诺莎

　　这里所写的关于我的文章极有特色，给我留下至深印象，《明天》杂志的这一举动给予我极大的荣誉。作为对你们的响应，我要将你们的整个举动置于斯宾诺莎的护佑之下，如果允许，我还想告诉你们，在这方面我正在考虑什么问题。这可算是一种"参与"的方式吧。

　　我认为大哲学家也是极具文采的大作家。由于哲学词汇有时采用新词，有时赋予常用词以奇怪的价值，所以哲学词汇是文风的一个组成部分。虽然如此，文风永远是句法的问题。而句法是向某种既非句法也非语言的东西（语言之外）延伸的状态。在哲学上，句法向概念的运动延伸。而概念不仅在自身（哲学理解）中消弭，也在事物之中和我们的身上消弭：概念为我们唤起新的感知和情感，这些新的感知和情感构成了对哲学自身的非哲学的理解。哲学需要哲学的理解，也需要非哲学的理解。这就是为什么哲学与非-哲学家有着至为重要的关系，并面向他们。有时甚至有一种不通过哲学理解而对哲学的直接理解。哲学上的文风向这三个极延伸：概念或新的思考方式，感知或新的观看和理解方式，情感或新的体验方式。这是哲学的三位一体，哲学犹如歌剧，需要这三者"产生运动"。

这个问题与斯宾诺莎又有什么关系呢？有人说斯宾诺莎没有文采，他在《伦理学》中使用了一种非常经院式的拉丁文。对于被人们称为"没有文采"的那些人，应该认真对待。普鲁斯特已经注意到，他们往往是最出色的文体家。《伦理学》有如一股定义、命题、论证、推理喷涌而出的激流，人们看到一种非比寻常的概念的拓展。这是一条不可阻挡、奔流不息、凛然冷峻的河流。而同时，在"旁注"的名目下，还出现了一些断续、独立、相得益彰、产生强烈效果、构成一种断裂的火山山脉的"支节"。全部的热情激荡在一场欢乐反对忧愁的战争之中。这些旁注好像嵌入概念的主体中，其实绝非如此。更应该说它们构成了第二部《伦理学》。这第二部《伦理学》以一种全然不同的节奏、全然不同的音调与第一部并存，它凭借情感的全部力量绕过了概念的运动。

而第五卷又构成了第三部《伦理学》。斯宾诺莎告诉我们，此前他一直从概念的角度讲话，现在他要改变文风了，要凭着纯粹的、直觉的和直接的感知同我们讲话了。人们仍可以将此视为论证的继续，但这肯定不是同一种方式了。论证的手法现在变得极为简洁，使用了略语、暗示和缩写，像闪电一样具有穿透力和撕裂力。这不再是河流，也非隧道，而是火焰。这是第三部《伦理学》，它虽然出现在书尾，却在一开头已存在，它与另两部《伦理学》并存。

这就是斯宾诺莎在其表面平淡的拉丁文背后所具有的文采。斯宾诺莎的文采使得三种语言在表面沉闷的语言中震响，产生了三重张力。《伦理学》是概念（第二种类型的知识）的著作，但也是情感（第一种知识）和感知（第三种知识）的著作。斯宾诺莎的矛盾之处，就在于他是最富有哲学意味的哲学家，是最纯粹的哲学家，而同时又是最面向非-哲学家和最引起非-哲学理解的哲学家。这也就是为什么，严格地说，所有人都能读懂斯宾诺莎的著作，都能受到巨大的感动，或产生全新的感觉，哪怕他们并不十分理解斯宾诺莎的概念。反之，一个只理解斯宾诺莎概念的哲学史家并不能充分地理解他。正如雅斯贝尔斯所说，为了将哲学家和非-哲学家带向共同的边界，需要两只翅膀。而要展现文采，要成为火鸟，则至少需要这三只翅膀。

《明天》（*Lendemains*）1989 年第 53 期

五、政治

16 控制与生成

——在您的智识生活中，似乎总有政治问题。一方面，您参与了各种运动（监狱、同性恋、意大利自治、巴勒斯坦）；另一方面，从有关休谟的著作到有关福柯的著作，您的作品中不断出现和掺杂着制度的问题。由此而产生了一种对政治问题的持续接近，这种接近是如何一贯保持在您的著作中呢？为什么运动–制度的关系总是构成问题？

——我所感兴趣的，与其说是再现，不如说是集体的创造。在"制度"中，有一种既有别于法规也有别于契约的运动。我在休谟著作中所发现的，是一种非常富有创造性的制度和法律的概念。起初，我对法律的兴趣大于政治。在马佐赫和萨德的作品中，我喜欢的甚至就是那种与性相关、完全扭曲的马佐赫的法律概念和萨德的制度概念。就是现在，我也仍然认为弗朗索瓦·埃瓦尔德为重建一种法哲学而做的努力是十分重要的。我感兴趣的，并不是法律和法令（前者是空洞的概念，后者是投人所好的概念），甚至也不是法学或法规，而是法律判例。法律判例是真正的法学创造者。法律判例不应该总是交给法官。作家更该读的不是民法，而是法律判例汇编。人们已经想到制定现代生物学法，然而在现代生物学方面，在现代生物学所造成的新的形势下，在现代生物学使之可能存在的新的事件中，一切都与法律判例相关。人们需要的，不是一个有道德的、号称有资格的贤人委员会，而是一个使用者群体。这里，人们由法律过渡到政治。在1968年五月风暴中，随着我与一些具体问题的接触，由于加塔里、福柯、艾黎·桑巴尔（Elie Sambar）等人的缘故，我曾完成一种向政治的过渡。《反俄狄浦斯》完完全全是一部政治哲学著作。

——您认为1968年事件是不合时宜的胜利，是反一完成的实现。在您1968年以前关于尼采的研究以及您稍后关于扎赫尔·马佐赫的研究中，政治已被确立为可能、事件、特殊。有一些使当下向未来敞开的捷径。这些捷径修正了制度本身。但是在1968年运动之后，您的评价似乎有所变化：在时间上，游牧思想总是以即时反实现的形式表现出来；在空间上，只有"少数的生成是普遍的"。但是这种不适时的普遍性究竟是什么呢？

——我曾日益强烈地感受到生成与历史之间的一种可能的区别。尼采说，如果没有"非历史性的云"，任何重要的事物都不会形成。这不是永恒与历史之间的对立，也不是沉思与行动的对立：尼采是在谈论正在形成的事物，谈论事件本身或生成。历史从事件中抓到的是事物在各种状态下的完成，而事件则在其生成中避开了历史。历史不是实验，历史仅是使避开历史的某事物的实验变为可能的、几近消极的条件的总和。如果没有历史，实验就是不确定的，无条件的，但是实验不是历史。在一部关于哲学的巨著《克里奥》(clio) 中，贝玑解释说，有两种思考事件的方式，一种方式是沿循着事件，采撷它在历史中的完成，它在历史中的状态，以及它的式微；而另一种方式则是追溯事件，像置身于生成之中一样置身其中，在其中同时变年轻和变衰老，穿越其所有的构成部分或特殊性。生成不是来自历史，历史只是指出为了生成、为了创造新事物而绕过的所有条件的总和，尽管是那些条件距现时很近。这正是尼采所说的不合时宜。1968 年五月风暴是示威、是纯生成的突现。当前时髦的是揭露革命的恐怖。这甚至不是什么新鲜事了，整个英国浪漫主义都充满了对与当今之斯大林极为相似的克伦威尔的反思。有人说，革命的前途黯淡。然而人们在不断地混淆两种事物：历史中的革命前途和人的革命生成。这两种情况中甚至不是同样的一些人。人类的唯一机遇在革命的生成之中；只有革命的生成能够避开耻辱，或是对难以容忍的东西作出回答。

——在我看来，《千高原》是一部伟大的哲学著作，它也是一个未解问题的目录，在政治哲学的范畴内尤其如此。过程-方案，特殊-主体，构成-组织，逃逸线-装置和战略，微观-宏观，等等，这些相冲突的偶对不仅一直是敞开的，而且还以一种前所未有的理论意志、以一种让人想到异端邪说的暴烈不断地重新敞开。我毫不反对这样的破裂，而且相反……但是，在不知道"战争机器"将人引向何方的地方，我有时仿佛听到一种悲剧的音调。

——您的话令我感动。我认为菲利克斯·加塔里和我一直都是马克思主义者，也许方式不同，但是我们俩都是。我们不相信那种不以分析资本主义及其发展为中心的政治哲学。马克思著作中最令我们感兴趣的是将资本主义作为内在的体系加以分析。这种体系不断地将其边界向外推扩，并在扩大的范围里遇到新的边界，因为边界就是资本本身。《千高原》指出许多方向，下面谈一谈其中的三个主要方向。其一，我们觉得一个社会的特征与其说由其矛盾所决定，不如说由其逃逸线所决定。社会到处有缺口，试图在某一时刻顺沿着正在形成的逃逸线而行是很有意思的。就说当今的欧洲吧。西方政治家们为缔造欧洲可谓呕心沥血，专家们为规划制度和法规可谓呕心沥血。但是，一方面，有可能发生突发事件：由于边界的简单推扩（这不是"专家可控"的），在青年、妇女中间爆发；另一方面，这个欧洲在开始之前已被完全超过，被来自东方的运动所超过。这是一些真正的逃逸线。《千高原》中还有另一个方向，它不仅相较矛盾更多地考虑了逃逸线，而且相较阶级更多地考虑了少数。最后，第三个方向，是寻找一个"战争机器"的地位。确定这种战争机器特征的，根本不是战争，而是某种占据、充斥时空或创造新时空的方式。革命运动（比如人们并未充分考虑到巴解组织不得不在阿拉伯世界中创造一个时空），也包括艺术运动在内，都是这样的战争机器。

您说这一切并非没有一种悲剧的或悲凉的调子。我想我找到了缘由。我曾被普里莫·莱维（Primo Levi）的全部作品所打动。他说，纳粹集中营将"成为人的羞耻"引入我们的身上。他说，我们并不是全都对纳粹主义负有责任，就像人们想让我们相信的那样，但是我们被玷污了：那些集中营的幸存者也曾不得不作出妥协，即使那是为了生存。有人为成为纳粹而羞耻，有人为既不能也不知阻止纳粹主义而羞耻，有人为作出妥协而羞耻，这就是普里莫·莱维称为"灰色区域"的一切。为人的羞耻我们有时也会在一些普通的场合中感觉到，比如：面对过分庸俗的思想，面对千奇百怪的电视节目，面对部长的公开讲演，面对"乐天派"的高论。这是哲学最强有力的动机之一，这使得哲学必然成为一种政治哲学。在资本主义中，只有一种东西是普遍性的，那就是市场。没有一个普遍性的国家，恰恰是因为有一个普遍性的市场，各国是普遍性市场的活动中心，是普遍性市场的交易所。而市场并不制造普遍，并不制造均衡。这是一个疯狂制造财富和苦难的工厂。虽然人权积极地参与了自由资本主义，人权却并不能使自由资本主义的"欢乐"降临到我们身上。没有一个民主国家不是全身心地投入这个人类苦难的制造工厂之中。羞耻，就在于我们没有任何可靠的手段防止羞耻，更不能使生成出现，包括我们自己身上的生成。一个群体将如何转向，将如何回复到历史状态，正是这些给人以无穷的"思虑"。我们不再具有这样一种无产者的形象：无产者只要有所觉悟就够了。

——少数的生成怎样才能是强大的呢？抵抗怎样才能成为一种起义呢？在读您的著作时，我对这些问题的答案总是感到怀疑，尽管我在读您的著作时总是感到一种冲动，迫使我在理论上和实践上重新看待这样一些问题。然而，在您谈论斯宾诺莎著作中的想象或共同概念的篇章中，在您对第三世界国家革命电影的结构做出描述的"影像-时间"中，当我看懂了您提出的由影像到虚构、到政治行为的过渡时，我又觉得似乎找到了一种答案……我错在什么地方了？是否存在一种方式，可以使被压迫者的抵抗变得卓有成效，可以使难以容忍的东西永远被消除？是否存在一种方式，可以使我们所有这些单一性和原子构成的群体能够表现为一种制宪的权力？抑或相反，我们是否必须接受这样的法律悖论：制宪权力只能由宪定权力来确定。

——少数与多数并不以数目的多寡来区分。少数可以比多数多。界定多数的，是一种必须与之相符的类型，如中等、成年、男性、欧洲城镇居民……而少数是没有类型的，少数是一种生成，是一个过程。可以说，多数不是任何人。所有的人都以这种或那种的面貌卷入一种少数的生成之中，如果他们决心跟随这些生成走下去，他们便被引上未知之路。如果少数为自己创造类型，那是因为少数想成为多数。而为了生存和得救（比如要建立国家，要被承认，要确立权力等），这是不可避免的。但是少数的力量来自少数能够创造的东西，这种东西将或多或少地走向类型，不过它并不依附于类型。

人民永远是一种有创造性的少数，人民即使赢得多数，也仍然是一种有创造性的少数：二者可以并存，因为二者并不在同一个平面上。最伟大的艺术家（绝非一些人民艺术家）呼唤着人民，他们看到"缺了人民"。马拉美、兰波、克利、博格（Berg）就是如此。电影界的施特劳伯亦是如此。艺术家只能呼唤人民，他们的事业从根本上需要人民，他们不必也不能创造人民。艺术就是抵抗者，它抵抗死亡，抵抗奴役，抵抗饥馑，抵抗羞耻。但是人民无法过问艺术。人民如何创造自己？在怎样可怕的痛苦中创造自己？当人民创造自己时，他们是以自己的手段进行的，而这是为了与某种艺术的东西相连接［加雷尔（Garel）说，卢浮宫博物馆也包括了一定数量的可怕的痛苦］，或者是为了艺术与他们所缺少的东西相连接。乌托邦不是一个合适的概念，更应该说存在着一种人民和艺术所共有的"虚构"（fabulation）。应该重新启用柏格森的虚构概念，赋予它一种政治含义。

——在您关于福柯的著作中，以及后来在国家视听信息传递研究所的电视专访中，您建议深入研究这三种权力的运用：绝对统治权，惩戒权，以及正成为"霸权"的对"信息传播"的控制。对信息传播的控制变成霸权这一现象，反映了涉及言论与想象的统治已臻于完善。但同时我们也看到，所有人，所有少数，所有特殊群体，从不曾像今天这样有潜在的可能发表言论，并由此而获得更高的自由度。在《政治经济学批判大纲》中的马克思式的乌托邦里，共产主义正是表现为一种自由个人的横向组织，这一组织建筑在一种保证其条件的技术基础之上。共产主义仍是可设想的吗？信息传播的社会，也许比过去较少是乌托邦的？

——我们肯定在进入各种"控制"的社会，这些社会已不再是严格的惩戒式的。福柯常常被视为惩戒社会及其主要技术——禁闭（不仅是医院和监狱，也包括学校、工厂、军营）的思想家。事实上，他是最先说出此话的人之一：惩戒社会是我们正在脱离的社会，我们已经不再置身其中。我们正进入控制社会，这样的社会已不再通过禁闭运转，而是通过持续的控制和即时的信息传播来运转。巴勒斯已开始了对此的分析。当然，人们仍在不断地谈论监狱、学校、医院，这些机构已陷入危机。但是它们之所以陷入危机，正是因为它们陷在后卫部队的战斗中。现在正在设立的，正在摸索设立的是新型的惩罚、新型的教育和新型的医疗。开放式的医院、家庭治疗等已出现了很长时间。可以预见，教育环境将越来越少地处于封闭状态，将与职业环境等处于封闭状态的环境区别开来，而所有这两种环境都将消失，让位于一种对中学生-工人或大学生-干部所实行的强化而持久的培训，持续而不间断的控制。人们试图使我们相信学校改革，其实这是一种清算。在控制的体制中，人们从不曾了解过任何事物。您本人很早以前就分析过意大利的劳动演变、临时劳动的形式、家庭劳动的形式，这些形式（以及新的产品流通形式和分销形式）随后都被确定下来。显然，对每一种类型的社会，人们都能用一种适当类型的机器与之相应。对统治社会，与之相应的是简单的或动力机器；对惩戒社会，与之相应的是高能机器；对控制社会，与之相应的是控制论和计算机。但是机器并不说明任何问题，必须分析那些机器仅是其构成部分的集合装置。面对即将出现在开放环境中的那些不间断的控制形式，可能最严酷的禁闭对我们来说都仿佛是美妙而亲切的回忆。关于"信息传播的普遍性"的研究令我们不寒而栗。不错，甚至在控制社会切实建立起来之前，就已出现了犯罪形式或抵抗形式（两种截然不同的形式）。例如，电脑犯罪或病毒，它们代替了罢工和19世纪被人们称作"破坏"的行动。您问道，控制或信息传播的社会能否产生一些抵抗形式，这些形式能否重新给一种设计成"自由个人横向组织"的共产主义以机会。这我不知道，也许能吧。但这不会是在少数能够重新讲话的情况下。言论与信息传播可能已经腐烂。它们已经完全被金钱所腐蚀，这并不是偶然的，而是必然的结果。必须有一种言论的转向。创造与信息传播始终是风马牛不相及的。重要的也许是创造一些非-信息传播的液泡，一些断路器，以便逃脱控制。

——较之您的其他著作，您在《福柯》和《褶子》中对主体化进程给予了更大的重视。主体是内在与外在之间持续运动的界线。主体这一概念有何种政治后果呢？如果说主体不能在公民资格的外在性中被取消，那么主体能够将公民资格建立在力量与生活之中吗？它使一种新的积极的实用主义有可能存在吗？何种政治能够在历史中延续事件和主体性的辉煌？如何设想一个没有基础却是强大的、没有整体性却是绝对的——如斯宾诺莎所说的——社会共同体呢？

——当人们思考个体或集体形成主体的不同方式时，人们确实可以谈论主体化过程。这些过程只有在这样的情况下才有价值：它们在形成时既避开了已构成的知识又避开了统治的权力。虽然以后这些过程又孕育出新的权力或又形成新的知识，但是在当时它们确实具有一种反叛的自发性。这里没有任何向"主体"的回归，也就是说，没有任何向具有义务、权力和知识的机构的回归。人们也可以谈论一些新型的事件，而不谈论主体化过程。这些新型的事件并不能用使其发生或使其置于其中的情况解释。这些事件出现于瞬间，重要的正是这一时刻，这是应该抓住的机会。或者也可以简单地谈论大脑，大脑完全是内与外之间可逆性连续运动的界线，是内外两者之间的膜。新的大脑通路，新的思维方式，是无法用显微外科学解释的。而科学必须做的是努力发现大脑里可能已经有些什么，以便人们以某种方式进行思考。主体化事件或大脑，我觉得这有点像一回事。相信世界，这是我们所最缺乏的；我们完全失掉了世界，有人剥夺了我们的世界。相信世界，也就是激发一些哪怕很小的逃脱控制的事件，或者诞生出新的时间-空间，即使其面积和体积是缩减过的。这就是您所称的圣殇（pièta）。正是在每一次这样的尝试中，对控制的抵抗能力，或者相反，对控制的顺从，受到评定。创造和人民，是同时需要的。

《先将来式》(*Futur antériewr*) 1990 年春第 1 期，与托尼·奈格里（Toni Negri）的访谈

17　后语：论控制社会

Ⅰ　历　史

福柯将惩戒社会定位于 18 和 19 世纪，于 20 世纪初达到顶峰。这些社会采用组织巨大的禁闭场所而形成。个人不间断地从一个封闭场所到另一个封闭场所，每个封闭场所都有其规则，首先是家庭，其次是学校（"你不再在家里了"），再次是军营（"你不再在学校里了"），然后是工厂，有时是医院，也有可能是最佳禁闭场所的监狱。监狱充当了样板。影片《一九五一年欧洲》的女主人公看到工人时惊呼道："我好像看到了囚犯……"福柯非常精辟地分析了禁闭场所的设计理念，这种设计在工厂里尤为明显：集中，分布空间，排列时间，在时间-空间中组合成一种其效力大于各个要素效力之和的生产力。然而福柯同样知道这一式样的短暂性：它接替了目的与功能全然不同的绝对统治的社会（取消生产甚于组织生产，决定死亡甚于管理生命）。过渡是渐进的，拿破仑似乎促成了这种从一种社会向另一种社会的巨大转换。但是惩戒也碰到危机，新的力量渐渐出现，"二战"后加剧；我们的社会已不再是惩戒的社会，我们的社会已停止是惩戒的社会。

我们处于监狱、医院、工厂、学校、家庭等所有禁闭场所的普遍危机之中。家庭是"内部"，像所有其他的内部，如学校内部、职业内部，等等，一样处于危机状态。主管部长们不断地宣布所谓必要的改革。改革学校，改革工业，改革医院，改革军队，改革监狱，但是每个人都知道这些机构垮了，或迟早要垮。现在只不过是在处理其临终事宜和给人们找点事情做，直至找上门来的力量安置下来。控制社会正在取代惩戒社会。"控制"一词是巴勒斯用来指新怪物的，福柯认为此词指明了我们最近的未来。保罗·维希留也在不断地分析着这些貌似自由的、超快捷的控制形式，这些形式正在取代运作于封闭系统的旧有的惩戒形式。这里没必要提及特殊药物的制造、核形成、基因操控，虽然这些都是用来介入新过程的。不必问哪种制度最残酷，或是最可容忍，因为在每种制度中，自由与奴役都在交锋。例如，在作为禁闭场所的医院的危机中，分区化、日间医院、上门治疗，等等，最先表现出了新的自由，但是同时也就加入了堪与最严酷的禁闭相提并论的控制机制。用不着感到恐惧或抱有希望，只需要去寻找新的武器。

Ⅱ　逻　辑

个人所经历的不同的封禁状态或禁闭场所是自变量：人们每次都被认为是重新从零开始，所有这些场所的共同语言是存在的，但是模拟的。而不同的控制状态则是一些不可分割的变化，形成一种其语言是数字的（不一定是两进制的）可变几何系统。禁闭是模具，是清晰的模制，而控制是一种调整，像一种连续的、每时变化的、自动变形的模制，或像一种每个网孔点都在变化的网筛。这在工资问题上可以看得十分清楚：工厂是一个身体，其内部力量达到一个平衡点，这一点是尽可能高的生产点和尽可能低的工资点；在一个控制社会里，企业代替了工厂，而企业是一个灵魂，是一种气体。毫无疑问，工厂已经有了奖励系统，但是企业则更为彻底地推行一种对个人工资的调整，使个人工资都在可笑至极的挑战、比赛、讨论等不断的转换中进行变化。之所以连最愚蠢的电视游戏也取得如此大的成功，就是因为这些游戏恰当地表现了企业的境况。工厂使个人形成一体，这对劳资双方都有好处，资方易于监视群体的每一成分，工会便于群体的抵抗。但是企业则不断地将不可调和的竞争作为有益的竞赛引进来，竞争这一绝妙的激励手段使个人之间对立，使个人自身分裂。"按劳取酬"的工资调整原则不可能不使国民教育本身受到诱惑。事实正是如此：正如企业替代工厂，经常性培训有替代学校的趋势，连续检查有替代考试的趋势。

在惩戒社会，人们不断地重新开始（从学校到军营，从军营到工厂），而在控制社会，任何事情都不能一劳永逸，企业、培训、服务是同一调整的可转换和共存的状态，如同一个万能变形器。处于两种社会交接处的卡夫卡曾在《诉讼》一书中描述了最可怕的司法形式：（在两种禁闭之间的）惩戒社会的"表面的宣告无罪"和（持续变化的）控制社会的"无限拖延"是两种迥然不同的司法生活方式；我们的法律之所以犹豫不决，之所以处于危机，是因为我们离开了前者而进入了后者。惩戒社会有两个极：表明个人的签名和表明其在群体中位置的登记号。在惩戒社会中，这两者从来不是"不相容的"，权力同时是群体化和个人化的，也就是说，权力将其治下的人们组成一体并塑造此群体每一成员的个性（福柯从神父的牧领权力上面看到了这双重关注的根源——羊群和每一只羊，但是民事权力后来也用其他的手段成为世俗的"牧师"）。在控制社会则相反，至关重要的已不再是签名和登记号，而是数字，数字是一个识别口令。惩戒社会却是用口号来调整的（无论是从整合的角度来看，还是从抵抗的角度来看）。数字构成了控制的数字语言，数字表示存取信息或是丢弃信息。人们不再面对群体-个体这一偶对，个体变成了"可分体"，群体变成了样品、数据、市场或"银行"。钱也许最能表现两种社会的区别：惩戒社会一直与铸币相关联，这种铸币包括作为计量本位的黄金；而控制则与浮动兑换相关联，浮动兑换是使不同货币样本的百分比作为数字介入的调整。古老的货币像鼹鼠，是禁闭环境的动物，而蛇则是控制社会的动物。在我们现在生活的制度中，但是也在我们的生活方式中和我们同他人的关系中，我们从一种动物过渡到另一种动物，从鼹鼠过渡到蛇。惩戒社会的人是能量的断续生产者，而控制社会的人则更应该说是被纳入轨道的、载在持续集束上的波。"冲浪"无处不取代古老的"体育运动"。

使一些类型的机器与一种社会相符是很容易的，这并不是因为机器具有决定性，而是因为机器表现了那些能够产生并使用机器的社会形式。古老的绝对君权社会使用简单机器，使用杠杆、滑轮、钟表；最近的惩戒社会装备能量学机器，而伴随的是被动性的熵的危险和主动性破坏的危险；控制社会则采用了第三类机器：信息机器和计算机，其被动性的危险是干扰，主动性的危险是电脑犯罪和病毒的引入。这是技术的变化，更深刻地说是资本主义的变化。这种已为人所知的变化可以综述如下：19世纪的资本主义是集中状态，是为了生产，并与所有制相关。它在封闭的场所中设立工厂，资本家固然是生产工具的所有者，但也可能是其他类似场所

（工人住宅区，学校）的所有者。至于市场，或是通过专业化而获得，或是通过殖民化而夺得，或是通过生产成本的降低而取得。然而，在当前的形势下，资本主义不再是为了生产，它往往将生产，甚至将纺织、冶金和石油等这些复杂形式的生产扔给第三世界的一些国家。这是超生产的资本主义。它不再购买原材料和出售成品，它购买成品或购置零件。它想卖的，是服务；它想买的，是股份。这不再是为了生产的资本主义，而是为了产品、即为了销售或市场的资本主义。因此，从根本上说，它是分散的，工厂让位于企业。家庭、学校、军队、工厂已不再是聚向一个所有者——国家或私人强权——的模拟化环境，而是仅有几名管理者的同一企业的可变形、可转换的数字化图形。甚至艺术家也脱离封闭场所而进入银行的开放的流通线路中。对市场的占领是通过对控制权的掌握，而非通过惩戒教育；是更多地通过确定市场价格，而非通过降低成本；是更多地通过产品的转化，而非通过生产的专业化。贪污贿赂在这里具有了新的力量。销售成为企业的中心或"灵魂"。人们告诉我们，企业有一个"灵魂"，这真是世界上最可怕的消息。市场营销学现在是社会控制的工具，并培育着我们的这些厚颜无耻的导师。控制是短期和迅速轮换的，但也是持续的和无穷尽的，而惩戒是长期的、无限的、间断的。

人不再是被禁闭的人，而是负债的人。资本主义确实将三分之二的人类的极端贫困作为常数保留下来：控制不仅将要面对国界的消失，还将要面对贫民窟或聚居区的爆发。

Ⅲ　程　序

无须科学虚构便可设想一种控制机制，这种控制机制每时每刻都在指明开放环境中一个要素的位置，指明一个保护区中动物的位置，指明一个企业（电子环）中人的位置。菲利克斯·加塔里想象了这样一个城市：在这个城市里，每个人都可以通过其（个人的）电子卡离开其居室、街道和社区，这张电子卡可使某个栏杆抬起；电子卡还可以在某天或者在某个时间内被吐出；重要的不是栏杆，而是电脑，它测定每个人合法的或不合法的位置，进行着通用的调整。

控制机制一出现就受到重视，对控制机制的社会技术研究应该是范畴性的，并描绘出什么东西正在取代众人皆称其处于危机的惩戒社会的禁闭场所。从旧的绝对权力社会借来的旧手段可能还会重新登台，但它们必定经过适当的改造。重要的是，我们正处于某种事物的开端。在"监狱制度"中，人们在寻找至少是对轻罪的"替代"刑罚，使用电子环强迫被判刑者在某一时刻留在家中。在"学校制度"中，正在出现连续检查的形式，正在实行经常性培训，正在放弃大学内的一切研究，正在将"企业"引入学校的各个层面。在"医院制度"中，正在出现既无医生也无患者的"新医学"，它摆脱了潜在病人和招至风险的对象，它完全不像人们所说的那样表现出一种向个体化的进展，而是以"可分体"的控制方式用数字代替了个体化的或数字化的身体。在"企业制度"中，对金钱、产品和人进行着新的处理，而不再通过工厂这一形式。这是一些并不重要的例子，但是它们可以使人更好地理解人们所说的机构危机，明白一种新的统治制度正在逐渐地、分散地建立起来。一个最为重要的问题关系到工会的无能为力：在其整个历史中都与惩戒抗争或与禁闭场所抗争的工会，将能够适应抵抗控制社会的新形式，还是将让位于这些新形式？能够攻击春风得意的市场营销学的这些未来形式的雏形，人们是否已经抓住了呢？许多青年人都莫名其妙地要求"接受激励"，他们要求接受培训和接受经常性教育，现在应该由他们自己来发现人们正在把他们当成什么，就像他们的前辈不无困难地发现了惩戒的目的。蛇的环比鼹鼠的洞更为复杂。

图书在版编目（CIP）数据

在哲学与艺术之间:德勒兹访谈录:全新修订版/
(法)吉尔·德勒兹(Gilles Deleuze)著;刘汉全译
. —上海:上海人民出版社,2024
书名原文:Pourparlers 1972—1990
ISBN 978 - 7 - 208 - 18866 - 2

Ⅰ. ①在… Ⅱ. ①吉… ②刘… Ⅲ. ①德鲁兹(
Deleuze，Gilles 1925 - 1995)-哲学思想-文集　Ⅳ.
①B565.59 - 53

中国国家版本馆 CIP 数据核字(2024)第 077345 号

责任编辑　赵　伟
封扉设计　朱鑫意

在哲学与艺术之间
　　——德勒兹访谈录(全新修订版)
　[法]吉尔·德勒兹 著
　刘汉全 译

出　　版　上海人民出版社
　　　　　(201101　上海市闵行区号景路 159 弄 C 座)
发　　行　上海人民出版社发行中心
印　　刷　上海盛通时代印刷有限公司
开　　本　850×1168　1/32
印　　张　8.5
插　　页　5
字　　数　142,000
版　　次　2024 年 5 月第 1 版
印　　次　2024 年 5 月第 1 次印刷
ISBN 978 - 7 - 208 - 18866 - 2/B·1754
定　　价　58.00 元

Pourparlers 1972-1990 by Gilles Deleuze

Copyright © Les Éditions de Minuit 2003

Chinese (Simplified Characters only) Trade Paperback

Copyright © 2024 by Shanghai People's Publishing House

Current Chinese translation rights arranged through Divas

International, Paris

(www.divas-books.com)

ALL RIGHTS RESERVED